编委会和课题组

主　　　编: 王国刚　曾　刚
副　主　编: 宣晓影

中方课题组成员

课题负责人: 王国刚
执行负责人: 曾　刚
总 协 调 人: 宣晓影
课题组成员: 杨　涛　张跃文　李广子　王增武　伍旭川　刘丽娜
　　　　　　金文静　梁超杰　张　彬　张海晖　周建波　潘建才

野村综合研究所课题组成员

三浦智康　木村靖夫　广濑真人　鹤谷学　李智慧

合作研究中的参会企业

日本银行　瑞穗银行　三井住友银行（中国）有限公司
三菱东京日联银行（中国）有限公司　日立租赁（中国）有限公司
日立商业保理（中国）有限公司　三井住友融资租赁（中国）有限公司
浙江财经大学　平安银行　郑州郑飞投资管理有限公司
阿里巴巴集团小微金融研究院　上海普兰金融服务有限公司
上海世贸控股集团有限公司

中外供应链金融

A Comparative Study On
Supply Chain Finance
Between China and Abroad

比较研究

主　编　王国刚　曾　刚
副主编　宣晓影

人民出版社

序一

一、本课题研究的简要过程

本书是中国社会科学院金融研究所和日本野村综合研究所株式会社第四次合作研究的成果。此前，双方就中国的银行业发展、汽车保险市场和消费金融等课题进行了三次合作研究。2014 年 5 月以后，在前期合作研究的基础上，双方就"中国供应链金融发展"课题的研究事宜进行了一系列探讨。在多次磨合商讨之后，双方决定展开"中外供应链金融比较研究"课题的合作，着手启动事宜。

2014 年 9 月至 2015 年 3 月间，在中国社会科学院金融研究所先后召开了三次"供应链金融发展"的专题研讨会。这三次专题研讨会均由我主持。会议的简要情况是：

第一次专题研讨会于 2014 年 9 月 26 日召开，日方人员介绍了日本中小企业金融和供应链金融的发展情况，中方人员介绍了中国中小企业金融的情况。参加会议的中方人员包括中国社会科学院金融研究所的有关研究人员和中国人民银行的研究人员等，日方人员包括日本野村综合研究所的研究人员、瑞穗银行、三菱东京日联银行和三井住友银行的有关人员。研讨会上，野村综合研究所金融咨询部高级咨询师鹤谷学先生发表了题为"日本的中小企业金融和商流金融"的演讲，瑞穗银行结构金融营业部部长笠间宏之先生发表了题为"日本的企业间商流金融——供给商的筹资方式"的演讲，三菱东京日联银行亚洲 CIB 部（驻新加坡）高级调查员三津山薰先生发表了题为"日本国内市场的电子票据的发展趋势"的演讲，三井住友银行（中国）结构金融部部长片冈万人发表了题为"对中国发展商流金融的期待"的演讲，中国人民银行金融研究局伍旭川博士发表了题为"中国中小企业金融的现状和问题"的演讲。随后，中日双方与会专家就相互关心的问题进行了提问式研讨。

第二次专题研讨会于 2014 年 11 月 26 日召开，日方人员介绍了日本商业票据的发展情况，中方人员介绍了中国的供应链金融发展情况。参加会议的中方人员包括中国社会科学院金融研究所、浙江财经大学法学部、平安银行、郑州郑飞投资管理有限公司和中国电子票据交易网的有关人员；日方人员包括日本野村综合研究所的研究人员。研讨会上，野村综合研究所金融咨询部高级咨询师鹤谷学先生发表了题为"中日商业票据制度比较研究"的演讲，浙江财经大学法学部金文静女士发表了题为"中日美动产担保制度的比较研究"的演讲，平安银行企业金融事业部副总裁梁超杰先生发表了题为"平安银行供应链金融实践"的演讲，郑州郑飞投资管理有限公司董事长张彬女士发表了题为"中国装备制造业供应链金融研究"的演讲，上海世贸控股集团有限公司高级副总裁潘建才先生发表了题为"中国民间票据行业的现状"的演讲。随后,中日双方与会专家就研讨中的相互问题进行了提问式研讨。

第三次专题研讨会于2015年3月20日召开,主要由中方介绍中国供应链金融、票据市场的发展情况,由日方补充介绍日本票据市场发展情况。参加会议的中方人员包括中国社会科学院金融研究所、中国银监会、阿里巴巴集团和上海普兰金融服务有限公司的有关人员,日方人员包括日本野村综合研究所的研究人员。研讨会上,中国银监会创新业务监管部刘丽娜博士发表了题为"资产证券化在中国的发展实践及监管法规建设"的演讲,野村综合研究所金融咨询部高级咨询师鹤谷学先生发表了题为"日本票据市场的发展及启示"和"国外供应链金融发展模式对中国的启示"的演讲,中国社科院金融研究所的李广子博士发表了题为"中国银行业供应链融资产品现状"的演讲,阿里巴巴集团小微金融研究院的张海晖先生发表了题为"阿里在互联网供应链金融领域的探索"的演讲,上海普兰金融服务有限公司副总裁周建波先生发表了题为"中国民间票据市场及电子化趋势"的演讲。随后,中日双方与会专家就研讨中的相互问题进行了更加深入的提问式研讨。

在每次专题会议中,中、日双方人员都对研讨的论题进行了广泛深入的讨论。日方不仅对中方会前提供的演讲稿进行了认真阅读,而且每次都列出了需要讨论的问题清单。这对推进研究深化起到了积极作用。

在这三次专题研讨会的基础上,中、日双方研究人员分别着手进行研究成果的撰写工作。2015年6月10日初稿出来以后,又进行了系统的修改和统稿工作。现呈于读者面前的就是中日双方共同研究的成果，它凝聚了双方研究人员的共同心血。

二、几点粗浅认识

此次合作研究，不仅使我对供应链金融有了更为深入的了解，而且对一些金融理论和中国的金融实践有了更为深刻的认识。不揣鄙陋，将点滴认识呈现于此，供读者指点批评。

第一，关于供应链金融的含义和形成机制。供应链金融建立在厂商之间由产业关联所形成的商业交易基础之上，是厂商与厂商之间的直接金融。在历史上，它的最基本工具是各种商业票据，随后，又发展了仓单、应收账款证券化等金融工具。日本的供应链金融（或称它们为"商流金融"）就是建立在商业信用基础上的，这在一定程度上解释了为什么日本的公司债券市场相对不发达。与此不同，中国金融体系是以银行信用为主体的金融，供应链金融也与之对应，成为商业银行发挥和扩展银行信用的一种重要方式，属于间接金融的扩展方式。因此，不应将中国的供应链金融与海外的供应链金融相混淆。

第二，关于票据市场。票据市场是货币市场的一个重要组成部分。在日本，票据市场的工具主要是商业票据，商业票据由厂商发出，具有融资功能，能够较好地解决厂商之间商业交易对短期资金的需求。但在中国，票据市场的主要工具是银行承兑汇票（这是为什么中国将"票据融资"划入银行贷款范畴的一个主要成因），它以厂商在银行存款账户有活期存款为前提，虽然也有一些商业承兑汇票，但它们必须以真实贸易为基础，不能作为融资工具；另一方面，与厂商需求相比，与发达国家相比，中国货币市场中商业票据的数额相当有限，在票据余额中所占比重不高，由此，厂商之间的商业交易所需的短期资金还主要靠商业银行提供。由此不难看出，海外的货币市场更倾向于由厂商之间通过商业票据来缓解短期资金需求，中国的货币市场更倾向于由商业银行通过银行信用来掌控厂商之间的资金流动。

第三，关于金融体系改革。中国金融是一个建立在银行信用基础上以间接金融为主体的体系。虽然在 1978 年年底的改革开放历程中，这一金融体系发挥过积极重要且功不可没的作用，但在经济金融进一步发展，它的弊端也日趋凸显。党的十八届三中全会《决定》强调，要发挥市场在配置资源方面的决定性作用，对中国金融体系而言，这不仅需要处理好政府与市场的关系，而且需要着力处理好银行信用与商业信用、市场信用之间的关系。2012 年 12 月，中央经济工作会议强调要降低实体企业的融资成本，要降低金融为自己服务的比重，但几年过去了，这两个降低并没有成为现实，相反的是，实体企业的融资成本还在上升，金融为自己服务的比重也在上升。不仅如此，中国金融的杠杆率在银行信用不断扩展中不断提高，金融风险也在持续增加。如今融资难、融资贵成为社会各界高度关注的现象，实体企业经营运作的难度进一步提高，严重影响了经济社会的可持续发展。要改变这些现象，在银行信用中是无法求解的，必须依靠加快发展直接金融工具，其中，自然就包含了建立在商业信用基础上的各种商业票据，也包含了由商业信用所支持的各种实体经济活动。从这个意义上说，供应链金融回归商业信用基础，是中国金融改革的内容之一，也是缓解融资难、融资贵的路径之一。要实现这一回归，不仅需要加快《票据法》等法律法规的修改进程，而且需要在货币市场中贯彻负面清单之外各类市场主体可以平等地进入市场的原则，准许实体企业进入票据市场，同时，培育和发展票据市场的各类中介机构。

三、本书的写作

本书作为中国社会科学院金融研究所和野村综合研究所株式会社合作课题的研究成果，在写作中得到了各位作者和相关合作单位的大力支持。在此特致以谢意。

在本课题研究过程中，就本书的写作问题，主编和副主编多次组织写作人员进行专门研讨，提出了写作总思路和各章内容的安排。本书各章的初稿由以下人员提供：第一章（张跃文、鹤谷学），第二章（鹤谷学），第三章（金文静、曾刚），第四章（王增武、曾刚），第五章（李广子、梁国栋、胡乔川），第六章（杨涛、肖锋、曹流浪、张海晖、李鑫），第七章（宣晓影、鹤谷学）。初稿完成后，主编和副主编对全书稿件进行了进一步修改。

在中国，供应链金融的研究历史不长，限于研究水平和时间等因素，本书的研究也只是一个初步成果。之所以将此成果编书出版，主要是希望通过抛砖引玉，推进这方面的研究深化，故请读者不吝赐教。

中国社会科学院学部委员

金融研究所所长

2015 年 6 月 9 日于北京

序二

在日本和美国，供应链金融被认为是调配资金的有效手段，随着企业间结算和与供应链金融相关的担保公示制度的发展，其应用也得以推广。近年来，中国通过发展流动资产担保制度、增设征信机构和完善相关数据，以及创建电子票据系统等，推动了基于应收账款和库存的"供应链金融"的加速发展，中国中小企业的融资难问题也将由此得以改善。

然而，推动中国供应链金融的切实发展，除了要确保担保制度的法律稳定性、进一步完善征信机构及其数据之外，推进到期结算的商业习惯的普及和构建债权流动化机制等方面的措施也不可或缺。当然，中国供应链金融的发展过程与其他国家不尽相同，各项措施的有效性也需要通过实践来验证。目前，中国正在通过上海、广州等自由贸易区和金融特区进行各种试点，希望在此基础上尝试推进供应链金融发展的措施。

同时，作为具有中国特色的供应链金融模式，阿里巴巴集团推进的"小微金融"值得一提。通过互联网，电子商务中的网店与顾客可以基于"属性与交易数据"获得融资。这种新型供应链金融模式为中国的中小企业提供了便捷的融资手段，拥有更为广阔的发展前景。

野村综合研究所与中国社会科学院金融研究所合作完成了本项研究。中方的研究人员主要包括金融研究所的王所长及各位研究员、中国的金融监管机构、金融机构及实体企业的专家。日方的研究人员主要包括野村综合研究所、日本银行、日本的三大商业银行及非银行金融机构的专家。合作研究期间，双方共同举办了多次小型研讨会，讨论内容也是将理论与实际操作相结合。对此，我们深表感谢。

深切希望本书能为中国的供应链金融的发展贡献微薄之力。

三浦 智康

株式会社　野村综合研究所执行董事

未来创发中心负责人

目 录
CONTENTS

第一章　供应链金融的重要性

　　无论发达国家还是发展中国家，中小企业都是国家经济发展和社会稳定的重要支柱。目前，中国中小企业在推动国民经济持续快速发展、缓解就业压力、促进市场繁荣和社会稳定等方面都发挥了不可替代的作用，为国民经济的发展作出了巨大贡献。但同时，中国中小企业的发展也面临着许多的困难，尤其是目前改革和结构调整持续深入，"三期叠加"的经济新常态下，融资难更成为制约中国中小企业生存和发展的重要瓶颈。造成这种状况的原因是多方面的，既有客观经济环境的因素，也有金融机构和中小企业自身的原因，其中，由于银企之间的信息不对称引起的信贷配给是造成中小企业融资难的主要原因。因此，如何有效缓解银企之间的信息不对称将成为解决中小企业融资难问题的关键。

　　从国内外的实践来看，供应链金融能有效缓解信息不对称问题，并进而成为支持中小企业融资的重要手段。而从金融机构的视角看，供应链金融能促使商业银行跳出只为单个企业提供融资服务的传统模式，创新性地让银行从一个全新的高度和供应链全局来考察实体经济的发展。本章的主要内容，是全面分析中小企业融资现状及其存在的主要障碍，并在此基础上，简要介绍供应链金融的特点及其在缓解中小企业融资难方面的重要作用。

第一节　中国中小企业融资困境的成因和努力

一、中小企业融资难的表现方式

中国中小企业的融资困境通常被描述为"融资难、融资贵"，即企业对外融资的方式比较有限，便利性差，而且融资成本偏高。具体而言主要有以下三个方面的表现：

表现一：企业融资权利受到限制

在中国，企业对外融资通常可以选择银行信贷、发行证券或私募股权融资。对于普通中国企业而言，银行贷款是最主要的融资方式，这与世界上许多发达国家没有区别。只不过由于银行通常倾向于支持具有稳定现金流和还款保障的大中型企业，相对风险偏高的小微企业并非银行业关注的主要客户群体。对于这些企业而言，公开发行证券成本高、耗时长，无法满足即时资金需要。私募股权融资同样面临成本高和周期长的问题，而且事实上中国也没有出现足够多的私募股权投资者，能够从根本上帮助解决中小企业融资难的问题。供应链融资、融资租赁、资产证券化等融资方式，还处于初始阶段，金融机构和监管机构对于这些融资方式的操作和管理还不太成熟。此外，由于金融监管的特殊性，中国企业对外融资的方式必须是监管机构所允许的融资方式，企业自身基本没有进行金融创新的权利，如果企业发现了适合自己的融资方式（比如某些民间融资工具），但是这种融资方式是不被监管机构所承认的，那么这些企业就有可能因为非法集资或者金融诈骗而被追究责任。近年来盛行的互联网融资方式，如 P2P 和众筹等，实际上是利用互联网金融监管空白所进行的融资活动，这类活动虽然处于监管机构视野之外，但其合法性并不明确，而且监管机构正在研究对此类融资活动实施牌照管理，将其纳入正规金融体系中。在竞争并不充分的金融服务市场上，目前看似低廉的互联网融资成本势必会提高。

表现二：银行信贷成本高

作为最古老和最传统的融资方式，银行信贷是中国企业首选的融资方式。根据中国人民银行统计，截至 2015 年 3 月，中国境内金融机构人民币贷款余额达到 86 万亿元人民币，约相当于上年 GDP 的 137%，其中企业贷款 61 万亿元，占 71%。按照人民银行窄口径统计，2014 年中国新增社会融资 16.4 万亿元，其中人民币贷款、外币贷款、委托贷款和信托贷款等各类贷款合计占比达 80%。

银行信贷对于企业融资的重要地位，决定了贷款利率是影响企业融资成本的最重要决定因素。但由于银行业总体经营水平偏低和信贷市场的低效率，长期以来中国企业的贷款成本居高不下。自 2009 年以来，银行贷款年利率从平均 5.76% 上升到 2014 年的 7.22%，而且这还只是企业实际支付的贷款成本的一部分。除了向银行支付利息之外，企业向银行贷款通常还需要支付抵押物评估费、抵押品登记费、第三方担保费等费用，有的银行收取的费用多达几十项。平均下来，一笔贷款除了向银行支付利息之外，各种中间费用平均相当于贷款本金的3%—4%，而且即便是短期流动资金贷款也需要缴纳上述费用。按照2014年的平均利率计划，企业向银行申请一笔一年期流动资金贷款的实际成本应为11%左右。这还仅仅是通过银行申请贷款的成本，如果企业通过民间借贷方式取得贷款，支付的成本会更高。

表现三：直接融资市场进入难度大

中小企业与投资者直接谈判获得融资，可以节约支付给金融中介的成本。在中国，这些活动通常是在有组织的直接融资市场中进行的，比如股票市场和债券市场。中国的股票市场是一个监管相对严格的市场，出于对投资者风险承受能力的考虑，监管者对股票发行人素质提出了较高要求。仅就财务条件而言，进入主板和中小板市场的企业需要满足最近3个会计年度净利润累计超过人民币3000万元，最近3个会计年度经营活动现金流量净额累计超过5000万元（或者营业收入累计超过3亿元），发行前股本总额不少于人民币3000万元等条件。[①] 即便是进入要求略低的创业板，企业也要满足最近两年连续盈利，最近两年净利润累计不少于1000万元且持续增长[②]，最近一年净资产不低于2000万元，发行后总股本不低于3000万元。如果以为达到上述条件就可以进入股票市场，那就错了。事实上由于全国性股票市场对发行人的容量有限，市场内部的

---

① 详见中国证监会《首次公开发行股票并上市管理办法》。

② 或者最近1年盈利，且净利润不少于500万元，最近1年营业收入不少于5000万元，最近两年营业收入增长率均不低于30%。详见中国证监会《首次公开发行股票并在创业板上市管理暂行办法》。

层次较单一，导致企业即使是满足了公开发行股票和上市的条件，也仍然需要漫长的等待。而且在等待的过程中，还可能遭遇市况萧条、宏观调控政策收紧、产业政策变化等导致的发行核准暂停或者拖延。通常情况下，企业从准备发行股票到最终完成发行，都要经过平均 3 年以上的时间。对于急需资金面对激烈竞争市场环境的中小企业而言，除非其已占据行业主导地位，具备实施长期发展战略的能力，否则通过在公开市场发行股票筹集资金将是很不现实的选择。

直接融资的另一个主要市场是债券市场。中国债券市场的主体是银行间债券市场，这是一个从银行间市场发展出来的债券市场，目前也接纳企业发行人。2014 年债券市场共发行各类企业债务融资工具 4.8 万亿元，占债券发行总量的 39.5%。截至 2014 年年末，债券市场的企业债务融资工具存量有 5700 余只，总额 8.8 万亿元，占比 24.6%。尽管企业债券市场的规模同银行信贷市场相比仍然有很大差距，但是债券融资的成本优势已经十分明显：如图 1.1 所示，债券融资成本平均比银行信贷低约 1.3 个百分点，照此计算，债券市场每年至少可以为企业节约融资成本 1000 亿元。当然，由于中国企业数量众多，债券市场发展相对滞后，目前还做不到让有需求的企业都进入债券市场。信用违约事件在债券市场是非常罕见的，这意味着风险企业不太可能进入债券市场。而且商业银行是债券市场的主要承销商群体，债券发行人通常是商业银行的客户。出于声誉考虑，商业银行一般只为稳定的贷款客户提供债券承销服务，而且在必要情况下还会要求发行人为债券提供资产抵押或者担保。在 2014 年发行的 1700 余只债券中，有超过三分之一以上的客户采取了资产抵押或者担保等增信方式。可见，对于不能够从商业银行获得信贷，也无充足抵押担保，更难以找到第三方担保的中小企业而言，目前进入债券市场融资的可能性是比较小的。

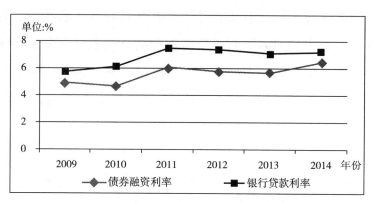

图1.1　中国债券融资与银行信贷融资成本比较

数据来源：根据万得数据库提供的数据计算。表中利率为各期限债券票面利率的算术平均值，债券包括企业债券、公司债券和中期票据。银行贷款利率仅为一般企业贷款利率，不包含票据融资和个人贷款。

二、中小企业融资困境的原因

企业融资成本取决于企业和投资者之间的信息均衡程度。在企业没有向投资者提供充分信息的情况下，投资者不能完全了解企业的投资风险、经营风险和违约风险，此种情况下，即使企业开出更高的价格，投资者都有可能拒绝向企业提供资金。同时，投资者也会担心企业在获得资金以后，不遵守事先承诺而损害投资者利益，从而为规避企业管理者的道德风险作出逆向选择，拒绝提供资金。这就是信贷配给理论对于融资难和融资贵的经典解释（Stiglits 和 Weiss，1981）。中国的中小企业融资难和融资贵根源在于信息不对称。造成信息不对称的原因既包括体制和政策性因素，也包括特定发展阶段下中国经济的成熟程度和金融体系效率。归纳起来主要包括以下几个方面：

成因一：体制内融资约束

前文提到，由于中国金融体系是在政府主导下运行的，因此金融体系通过金融机构和金融市场向企业配置资金的活动，通常都被置于管制之下。不仅银行、证券、保险、信托等行业有严格的准入制度和监管规则，而且股票、债券等金融市场的发展方向和速度，也受到政府管制，普通企业进入公开证券市场融资的成本较高。在2000年以前，金融体系的主要任务是支持国有企业的发展与改革，大量金融资源配置给了低效率的国有企业，金融体系的所有制歧视比较明显。进入21世纪以后，随着民营经济部门的规模不断扩大，在经济中的重要性提升，金融体系对于民营部门的支持有所增加，但是民营部门总体上仍然得不到必要的金融资源配给。另一方面，随着主要银行机构的市场化转型，这些机构出于商业利益考虑将信贷资金更多地配置给信用评级相对较高的大型和中型企业，小型和微型企业没有得到应有重视。总而言之，体制性原因限制了金融市场竞争程度，企业融资成本高和社会资金闲置并存，反映出中国金融部门运营效率需要进一步提升。

成因二：民间借贷的灰色处境

可以说，在中国经济中地位日趋重要的民营企业和小微企业的茁壮成长，并没得到正式金融体系应有的资金支持。它们不得不求助于民间借贷。根据中国中小企业协会2014年的一项调查，超过

30% 的中小企业依靠民间借贷满足资金需求。[①] 民间借贷在中国自古有之，江浙地区为盛，以"标会"为代表的民间资金互助组织，已经有相当悠久的历史。改革开放特别是 20 世纪 90 年代以后，随着民营经济兴起和中小企业数量的迅速增加，不能在正规金融体系内得到足够资金支持的企业开始大量依靠民间借贷，满足生产性资金需求。一些商业性的资金中介组织也陆续发展起来。民间借贷可以帮助企业缓解资金紧张状况，但是它也存在一些问题。其中比较重要的是民间借贷基本是在现行金融法律法规体系以外运行，监管者无法实时监控民间借贷风险，不能够保护投资者超出法律规定上限的投资收益；资金交易双方的合同纠纷，在现有法律框架下不易解决。民间借贷的这种灰色处境，限制了其发展的深度和广度，使其只能作为正规金融服务的补充，居于次要地位。

成因三：长期资金供给不足

如果制造业的未来确实如工业 4.0 所描绘的图景，那么全世界的制造业都将面临同互联网和软件业的深度融合，工业部门将需要大笔新增投资。但近年来，中国企业的投资能力出现了增速下降的趋势：全社会固定资产投资增速从 2010 年的 24.5% 下降到 2014 年的 15.7%；民间投资增速则从 32.1% 下降到 18.1%。如果说全社会固定资产投资增长下降表明产能过剩和地方过度建设基础设施的势头得到有效遏制，那么商业属性更加明显的民间投资增速为什么也会大幅下降，是否表明总体而言国内市场的商业机会在减少？进一步地，如果考察那些在经济新常态下需要重点培育和发展的新兴

---

① 中国中小企业协会、北京华通人商用信息有限公司：《中小企业融资状况调研简报》，见 http://www.ca-sme.org/content/Content/index/id/4351。

产业，其投资状况同样不容乐观：计算机、通信和电子设备制造业投资增速从2010年的48.2%回落至2014年的10.7%；仪器仪表制造业从35.3%回落至4.9%；电气机械及器材制造业从40.5%回落至12.9%；专用设备制造业从35.1%回落至14.1%；通用设备制造业从22.4%回落至16.4%；医药制造业从33.5%回落至15.1%。中国制造业正在失去低成本优势，如果持续出现投资增速放缓，不能形成新的技术优势，将有可能导致在国际制造业竞争中失利，中国"世界工厂"的地位面临挑战。

融资成本高是当前中国制造业投资不足的主要原因之一。中国企业投资资金来源主要包括国家预算内资金、国内贷款、利用外资、自筹资金和其他资金，而自筹资金目前已成为企业投资的主要资金来源。以2014年为例，在53万亿到位投资资金中，国家预算资金有2.5万亿元，金融机构贷款6.4万亿元，利用外资4000亿元，而自筹资金则达到37万亿元，约占全部到位资金的70%。对于企业而言，自筹资金通常包括企业自有资金和外部融资（不包含金融机构提供的项目贷款）。自有资金一般难以满足企业投资需要，因此外部融资就成为影响生产性投资活动的决定性因素。考虑到国内企业通过公开发行债券进行直接融资的规模还比较小，因此我们推测企业自筹资金主要包含金融机构提供给企业的流动资金贷款、被挪用的其他项目贷款、票据融资、民间非正规金融机构提供的信贷资金以及占用供应链内企业往来款项的资金。随着银行和非银行金融机构以及监管机构对于信贷资金使用的管理要求日益严格，企业挪用信贷资金从事投资活动的情况正在减少，企业往来款项和非正规金融机构提供的资金规模有限，而且上述资金来源易导致资金错配，增加企业财务风险。可见，目前企业的长期资金来源，难以满足庞大的投资需求。

成因四：社会信用体系不完善

强有力的社会征信系统是金融体系发展的核心基础，而中国从计划经济转向市场经济，社会征信系统特别是企业和个人征信系统天然缺失。在计划经济时期，几乎所有的中国企业和非企业组织都可以在政府找到主管部门，所有个人也都是政府、企业或者事业单位成员，即使是无业者也会受到社区管理。在计划经济时期，个人所属的单位信用基本代表了个人信用，而单位信用又间接得到政府部门担保，因此一个全社会的信用体系是不必要的。在中国向社会主义市场经济转型过程中，社会各界都意识到了一个全覆盖的社会信用体系的重要性，但由于涉及的投资较大，管理较复杂，需要庞杂的部门间协调和触及敏感的信息共享问题，这一信用体系在中国宣布建立社会主义市场经济体制 20 余年后，仍然没有建成。信用体系不完善的负面影响是显而易见的，企业和个人的信用信息很难以低成本方式为金融机构和其他需要的组织和个人所获得，导致企业的金融活动难以开展或者成本偏高。

成因五：部分中小企业管理水平偏低

这是一个不容忽视的现实，相当一部分中国中小企业尚未建立起科学的内部管理体系，缺乏健全的财务管理制度和资金预算制度。更重要的是，公司治理水平偏低和投资者保护不到位，使得包括银行在内的外部投资者的知情权、决策参与权和利益追索权不能得到有效保障，外部投资者拒绝投资此类中小企业或者要求更高的回报率，从而抬高了企业融资成本。

三、打破中小企业融资困境的努力

为了改善中小企业融资难和融资贵状况，政府和监管机构作出了大量努力。这些努力体现在提高银行业效率、降低证券市场进入门槛和增加企业融资渠道等多个方面。

2013 年，监管机构开始对银行业金融机构的小微企业信贷实行差别监管，提出"小微企业贷款增速不低于各项贷款平均增速，增量不低于上年同期"的目标，达到这两大目标的企业将能够享受一系列优惠政策；适度提高了对小微企业贷款的风险容忍度，允许金融机构发行小微企业专项金融债；要求金融机构不得对小微企业贷款收取承诺费、资金管理费，严格限制对小微企业及其增信机构收取财务顾问费、咨询费等费用；将小微企业贷款覆盖率、小微企业综合金融服务覆盖率和小微企业申贷获得率三项指标纳入监测指标体系，等等。[①] 根据中国银监会的统计数据，截至 2014 年年末，全国小微企业贷款余额 20.70 万亿元，占全部贷款余额的 23.85%；小微企业贷款户数 1144.6 万户，较上年同期增长 9.0%。小微企业贷款余额的迅速增长，导致此类贷款不良率有所上升。尽管监管机构设置了分类考核条款，但是商业银行仍然需要承担不良贷款损失。目前还没有明确政府是否要承担这些损失的一部分。如果损失继续增加，有可能会挫伤银行增加小微企业贷款的积极性。

证券市场方面，全国人大正在修订《证券法》，2015 年有望颁布实施。此次修订集中在提高市场化程度、实行股票发行注册制、

---

① 参见《中国银监会关于进一步做好小微企业金融服务工作的指导意见》（银监发〔2013〕37 号）。

放松证券业管制和加强保护投资者权益等几个方面。《证券法》的修订，在法律层面上减少了政府对证券市场的干预，有利于证券市场深化改革。

2012 年，一个名为"全国中小企业股份转让系统"的新三板市场出现了。这个市场是在监管机构支持下，在以往的券商代办股份转让系统的基础上建立的，在这里挂牌的股票都是非上市股份公司的股票，类似于美国的场外柜台交易系统（OTCBB）市场。挂牌企业以中小微企业为主，其中相当一部分是高科技公司。新三板市场为不能公开发股上市的公司提供了融资和股权交易平台，它挂牌审核程序简单，没有财务性要求，降低了中小企业进入证券市场的门槛。目前已有 2300 多家企业在新三板挂牌。尽管挂牌企业数量较多，不过同主板和创业板市场相比，新三板市场的融资能力和流动性都有比较大的差距。这一市场需要继续构筑包括政策在内的竞争力优势，以吸引更多投资者进入市场。

以互联网为载体的网上融资平台近年在中国发展十分迅速，增加了企业融资渠道。这些融资平台有的提供股权众筹方式融资，有的提供信贷融资。互联网的信息共享性、便捷性和低成本优势得到充分利用。监管机构有意无意地放宽了对互联网融资活动的监管，使得大量民间资本以互联网金融名义进入金融业成为可能。当然，在这些监管的灰色地带，企业逃废债务、欺诈甚至庞氏骗局偶有发生。据说监管机构正在酝酿对互联网金融采取牌照管理，强化监管力量。总之，无论是民间资本进入，还是传统金融机构都更多采用网络技术，网上融资活动总体上都会持续活跃，成为正规金融体系的重要组成部分。

第二节　供应链金融概述

所谓"供应链金融"，在中国，是指银行从整个产业链角度出发，开展综合授信，把供应链上相关企业作为一个整体，根据交易中构成的链条关系和行业特点设定融资方案，将资金有效注入供应链上的相关企业，提供灵活运用的金融产品和服务的一种融资模式。举例来说，A 企业为原材料供应商，B 企业为生产商，C 企业为销售商。B 企业通过从 A 企业购得原材料，加工生产出产品，卖给 C 企业，这种买卖关系连接在一起的贸易关系就形成了一个供应链，银行介入这个供应链后，不会只是考虑其中某个企业的资信情况进行授信，而是把 A、B、C 三家企业间的贸易关系综合起来加以考虑，提供的融资服务会渗透到这个交易链的每一个环节，由此构成的"供应链金融服务"模式。

一、供应链金融的内涵

一个特定商品的供应链从原材料采购，到制成中间品及最终产品，最后送到消费者手中，将供应商、制造商、分销商、零售商及最终用户连成了一个有机整体，任何企业都可以在供应链上找到自己的位置，任何企业都不可能脱离供应链而独立存在。大型企业常常以自己强大的实力和良好的品牌形象，吸引一批以其材料采购和产品销售为主营业务的中小企业，形成一个相对安全、稳定的企业商务生态链。在整个供应链中，竞争力较强、规模较大的核心企业因其强势地位，往往在交货、价格、账期等贸易条件方面对上下游配套中小企业要求苛刻，并将相当部分的管理成本和资金成本转嫁到它们身上，结果造成上下游中小企业资金紧张、周转困难，使整个供应链出现资金失衡。而供应链金融则通过银行对产业链中的企业提供全面的金融服务，来促进供应链核心企业及上下游配套企业"产—供—销"链条的稳固和流转畅顺，从而解决了供应链中资金分配不平衡的问题。

具体来说，供应链金融所要做的就是使商业银行依靠某产业链中核心大企业（1）的资信和实力，及其与银行之间长期稳定的信贷关系，对与该企业发生交易的其他企业（N）进行向上和向下的拓展，为这些企业提供贸易融资等全面的金融服务，从而形成"1＋N"的金融服务模式；其也可以是银行从关注产业链条中的主要中介商（N）入手，进而延伸到供应链上的核心大企业（1），从而形成"1＋N"的金融服务模式。在该种模式下，众多中小企业依赖于一个核心大企业而生，企业之间的关系不是厂家间的堆积，而是一个生态群的整合。需要银行融资支持的中小企业紧密地连接着市场的一端，他们多是为大企业提供原材料或中间品的供应商，或是为大企业提供销售服务的分销商和销售商。因此，银行通过把握这些企业之间连续的贸易行为，借助以真实贸易背景为支撑，并且具有自偿性的贸易融资产品就可以掌握与这个核心大企业相交易的中小企业的最核心信息。根据这些信息，银行就能帮助那些中小企业客户以单笔授信的方式，配合短期金融产品和封闭贷款操作，为客户提供专项的自偿性贸易融资服务，并以客户该笔贸易的销售收入作为第一还款来源。

供应链金融服务是银行专门针对产业供应链设计的、基于供应链核心企业的金融服务解决方案，其将供应链核心企业和上下游中小企业捆绑在一起提供整体的金融服务。该模式的核心理念是银行在信贷市场上通过寻找多个参与者或者利益相关者，建立起一种特殊的机制，来共同分担中小企业贷款中的风险。银行通过借助与中小企业有产业合作关系的大企业的信用或者以两者之间的业务合同为担保，同时依靠第三方物流企业等的参与来共同分担贷款风险。其改变了过去银行只针对单一企业主体进行信用评估并据此作出授信决策的融资模式，使银行从专注于对中小企业本身信用风险的评估，转变为对整个供应链及其与核心大企业之间交易的信用风险评估。处于供应链上下游的中小企业在该模式中，可以取得在其他方式下难以取得的银行融资。简单地说，如果一家上下游企业自身的实力和规模达不到传统的信贷准入标准，而其所在供应链的核心企业实力较强，贸易背景真实稳定，这家企业就可以获得银行相应的信贷支持。实施供应链金融的关键在于，这些想要得到银行融资的中小企业必须和一家值得银行信赖的大企业发生业务往来，从而就获得了"某种资格认定"，使其达到银行认可的资信水平，即大企业利用其良好的信誉和实力及与银行稳固的信贷关系为中小企业提供了间接的信用担保，帮助中小企业获得银行贷款。

二、供应链金融的理论基础

供应链管理是 20 世纪末企业管理理论和实践发展最迅速的领域之一，引起了全球的广泛关注。《哈佛商业评论》认为，供应链或贸易链是指由原材料生产商、生产资料供应商、生产厂商、经销商、消费者等市场参与者，按原材料到最终消费品顺序或按初级产业到最终消费行业顺序，所形成的各种产品供应或服务提供关系的总和或制度安排。在这个链条里，银行作为资金的提供者、金融产品的供给者提供了一条完整的金融服务供应链，银行的资金和服务，随同物流或商品流周而复始地循环。供应链金融服务正是基于供应链管理的特点，针对供应链上下游企业的融资需求而设计出的一系列融资方案和金融服务。

首先，供应链企业融资的自偿性正是基于一个完整的业务链而实现的，在某一环节的融资需要依靠下一环节或后续环节的正常完成而得到偿付；其次，供应链金融强调银行对资金流和货物流的有效控制，强调对供应链上下游企业之间的交易关系、行业信息、结算规律、运输和仓储、商品性质等信息的了解和掌握，银行对企业的融资要通过掌握贸易背景而开展的特点离不开整条供应链的存在；再次，供应链和贸易链所涉及的存货、预付、应收等众多环节产生的金融需求，为商业银行开展贸易融资提供了理想的业务资源；最后，供应链金融服务涉及多个交易主体，银行可以通过产业链或贸易供应链同时掌握相关行业内的大量客户群和客户信息，有利于其拓展业务，为银行提供了非常丰富的业务资源。

三、供应链金融的特点

首先，供应链金融服务并不是指某一单一的金融业务或产品，它改变了过去银行等金融机构针对单一企业主体的授信模式，从核心企业入手研究整个供应链。银行在开展授信业务时，不是只针对某个企业本身来进行，而是要在其所在的供应链中寻找出一个大的核心企业，并以之为出发点，从原料供应到产品生产、销售，为整个供应链提供各种金融服务和金融支持。银行一方面将资金有效注入了处于相对弱势地位的上下游配套中小企业，解决了中小企业融资难和供应链资金失衡的问题；另一方面，将银行信用融入上下游企业的购销行为，保证了原料供应、产品生产和销售全部环节的顺利完成，避免了风险的发生，促进中小企业与核心企业建立起长期的战略协同关系，提升了供应链的竞争能力。

其次，供应链金融从新的视角评估中小企业的信用风险，打破了原来银行孤立考察单一企业静态信用的思维模式，使银行从专注于对中小企业本身信用风险的评估，转变为对整个供应链及其交易的信用风险评估；从关注静态财务数据转向对企业经营的动态跟踪；在考察授信企业资信的同时更强调整条供应链的稳定性、贸易背景的真实性以及授信企业交易对手的资信和实力，从而有利于商业银行更好地发现中小企业的核心价值，真正评估了业务的真实风险，使更多的中小企业能够进入银行的服务范围。

最后，该模式以贸易融资产品为主线，以供应链企业之间真实的商品或服务为基础，强调贸易的连续性和完整性，强调贷后的实时监控和贸易流程的操作管理；同时，这些贸易融资产品都具有突出的自偿性特点，均以授信合同项下商品的销售收入作为直接还款来源，在融资授信金额、期限上注重与真实交易相匹配。供应链金融主要基于对供应链结构特点和交易细节的把握，借助核心企业的信用实力或单笔交易的自偿程度与货物流通价值，对供应链单个企业或上下游多个企业提供全面的金融服务。

第三节　供应链金融与中小企业融资

供应链金融的操作主体通常是银行，但也有一些国家的供应链核心企业有更强的自主性（比如日本）。供应链金融的服务对象则一般是核心企业的中小型供应商，目前在零售、汽车、装备制造和电子信息等行业发展较快。

一、供应链金融与传统金融相比的优势

从银行信贷角度来看，供货商（卖方）在接到产品订单后需要资金来支付工资和购买原材料，然而，即便交货后也需要等待一段时间才能收到货款，因此，供货商根据订单金额大小、生产天数以及应收账款和票据支付期限的长短，需要向银行贷款用于资金周转。通常，银行在接到企业周转资金的融资申请时，会确认合同内容即订货方（买方）、订单合同的金额以及支付条件等内容，然后再判断是否放贷。而供应链金融的模式是除了确认合同内容外，在订货—库存—应收账款—票据的各个阶段监控库存和应收账款的内容，并根据需要，对库存和应收账款设定担保以及接受应收账款和票据转让（见图1.2）。虽然，供应链金融与普通的周转资金融资相比略显复杂，但也正是如此才得以把握企业的实际情况。

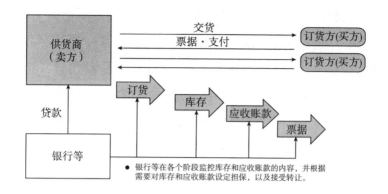

图 1.2　供应链金融的模式

资料来源：由野村综合研究所（NRI）制作。

（一）促进资金供求的良性循环

一般来说，伴随着经济的发展，特别是人均收入的增加，金融资产的积累也会出现加速的趋势。其原因之一，是当一个国家处于经济发展的初级阶段时，财富不均（收入差距）明显且中间阶层的比例小。在这种情况下，富裕阶层会将大部分剩余资产通过实物资产形式持有，或在值得信赖的国际金融市场运用，导致其对国内金融资产积累的贡献可能较小。而低收入阶层几乎将全部收入用在了日常生活开销上，储蓄率较低。只有中产阶级希望通过尽可能地进行储蓄以备将来不时之需。除了这种储蓄动机之外，由于中产阶级在国际金融市场运用资金的机会有限，所以，大部分选择将资金投入国内金融市场。此外，在中产阶级扩大的经济发展形势下，由于人们对经济较稳定的持续增长的期待高涨，随着以个人消费为主的内需增加，支持内需的金融业务也易于发展。融资需求方面，对预期未来收入增加而借款的抵触有所降低，供给方面，收入增加且储蓄增长，如此，才有可能保持良性循环。①

实际上，通过观察东亚及东南亚（东盟＋3）各国的人均收入与货币供应量占 GDP 比重的关系也可以看到这种趋势，但各国之间还是存在若干差异（见图 1.3）。比如在中国和越南，与人均收入水平相比，金融资产的积累程度大，相反在印尼等国金融资产的积累则较低。出现这种差异的原因在于，一般来说，在社会主义经济下的计划经济存在利率管制和资本管制等情况，以及国有企业和国有银行发挥着核心作用，因此有可能会促进金融资产在国内市场的积累。相反，由于印尼对金融市场的管制比较宽松，再加上其本身是依靠资源发展起来的，所以进行房地产投资以及在海外市场运用金融资产的富裕阶层较多，相应的国内市场的储蓄积累就比较低。

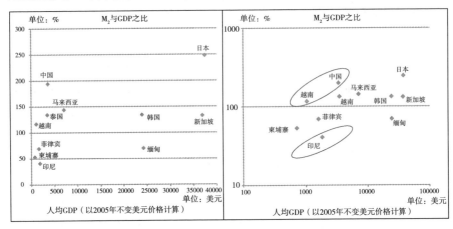

图 1.3　人均所得和金融资产占比 GDP 的国际比较

资料来源：野村综合研究所（NRI）根据世界银行的数据整理制作。

---

①　在国际收支方面，因生产技术的提高和劳动力成本的相对低廉，在新兴工业经济地区，从贸易盈余到经常收支盈余持续相重合的局面，储蓄容易积累。

（二）解决信息非对称问题

从各国货币供应量（M2）对 GDP 占比可以看出，2013 年中国的该比重高达 200%，远超其他国家；而同期中国企业贷款（民营企业和国有企业）对 GDP 占比却只有140%，低于泰国，与韩国近似（见图 1.4）。如果考虑到中国企业贷款中的大部分为国有企业贷款的话，那么中小企业贷款的上升余地应该更大。

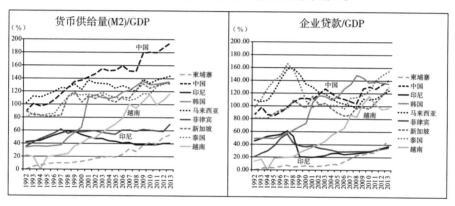

图 1.4　货币供给量和企业贷款占 GDP 比重的变化

资料来源：野村综合研究所（NRI）根据世界银行的数据制作。

中小企业贷款难以增加的原因之一在于金融市场的信息非对称性问题严重。解决信息非对称问题，除了采取公开财务报表和有关企业性质的数据、提高会计的精准性等传统方法之外，引进活用供应链的融资方式（供应链金融）也被视为一种有效手段。如图 1.5所示，如果提高会计数据的准确性，以财务分析为基础的传统金融手段的有效性也会有所提高，但由于融资判断基于"过去的业绩"，所以有其局限性。相反，供应链金融可以说是一种具有"前瞻性"的融资方法，它不仅要把握企业的健全性和最近的收益，还要把握正在运行的业务本身，并根据业务进行融资。至于长期投资基金和损益分歧点分析等传统分析方法是基于过去的项目业绩和业务模式今后还能持续这一假设；而项目贷款则是着眼于新实施的投资，分析其风险系数（预测现金流和现金流变化的主要原因）的方法。可以说财务分析和供应链金融方式之间也存在与此相同的关系。

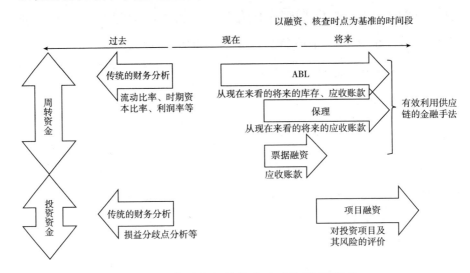

图 1.5　金融市场的信息生产和融资模式

资料来源：野村综合研究所（NRI）制作。

二、供应链金融对中国中小企业的适用性

中国的中小企业同世界上许多国家的中小企业一样，面临着融资难和融资贵的困境。政府和监管机构尽管做了大量努力，改善中小企业融资环境，但政策毕竟无法代替市场机制，改变现状的唯一出路是令中小企业融资需求为市场所接纳。

供应链金融同传统金融服务在理念上存在明显差异。尽管传统金融服务在评价企业信用状况时也会考虑供应链因素，但是并

没有将供应链竞争力和核心企业信用放在如此突出的位置。在供应链金融活动中，所有企业的信用都被置于供应链中予以考察，偿还贷款的保证是企业未来现金流的确定性。其中，中小企业的信用等级是由其在供应链中的重要性和核心企业信用决定的。而核心企业信用则是由其所领导的供应链竞争力来决定的。显然，供应链金融的出发点和落脚点，都是供应链竞争力。这在根本上符合中国一般竞争性产业的发展方向。在经济新常态下，中国产业升级依赖于新兴产业的成长，而供应链管理则是培育企业核心竞争力和产业部门国际竞争力的关键环节。作为供应链管理的组成部分，供应链金融致力于解决供应链发展中的资金瓶颈问题。这不仅有利于供应链竞争力的形成，同时也为供应链内的中小供应商带来了曙光。

目前，国内一些银行机构已经推出了供应链金融产品和服务，这些产品和服务借鉴于发达国家同行，又被结合中国国情进行了调整和改造，受到中小企业的广泛欢迎。从业务开展的初期效果来看，供应链金融服务对于提高供应商的信用等级，满足供应商的短期流动资金需求，发挥了很大作用。目前，供应链金融在全部金融活动中的比重比较小，由核心企业主导的供应链金融活动还处在探索阶段，中小企业债权资产的直接交易平台尚未建立，基于供应链的战略性融资活动还比较少，这些金融产品和服务将随着国内供应链金融服务总体水平的提升，以及各方在监管框架、交易规则等方面逐步达成共识，而陆续进入人们视野。

当然，在中国的供应链金融服务开展过程中，中外金融机构可能还会遇到一些比较特殊的问题。比如，在经济新常态下中国的产业结构和产业内竞争格局将会经历剧烈变化，金融机构对于供应链的发展方向和稳定性判断有可能出现比较大的偏差；鉴于产业发展的不确定性，供应商地位的确立会有一个较长的优胜劣汰过程，中小企业间关于核心企业供应商地位的竞争，会使得企业违约风险的长期变化让人难以琢磨；社会信用体系的缺失，物流仓储企业的管理水平和信息化水平，有可能加大与存货质押相关的供应链融资风险；最后，基于供应链的信用评估方法，与现行的审慎监管原则可能存在一定矛盾，从而制约金融机构供应链类产品和服务的深度开发。

本章简要小结

供应链金融改变了过去银行等金融机构只针对单一企业主体的授信模式，而是围绕一个产业链上的核心企业，为上下游多个中小型企业提供全面的金融服务。银行的信用风险评估业也从对中小企业本身信用风险的评估，转变为对整个供应链及其交易的信用风险评估，并从关注静态财务数据转向对企业经营的动态跟踪，从而有利于商业银行评估业务的真实风险，更好地发现中小企业的核心价值，弱化银行对中小企业融资的限制，使更多的中小企业能够进入银行的服务范围。

处于供应链上下游的中小企业在该模式中，可以取得在其他方式下难以取得的银行融资。简单地说，如果一家上下游企业自身的实力和规模达不到传统的信贷准入标准，而其所在供应链的核心企业实力较强，贸易背景真实稳定，这家企业就可以获得银行相关的信贷支持，形象地讲就是让中小企业"傍上大款"。上下游中小企业在该模式中，可以用银行融资取代民间融资，降低了融资成本，提高了盈利水平，使企业经营规模得以扩大。可见，供应链金融服务模式，让供应链上下游的中小企业不再"求资无门"。

目前，中国政府正在进行的深化改革，旨在发挥市场机制对于配置资源的决定性作用和更好地发挥政府作用。除了基本社会保障、国家安全和某些关键产业领域以外，政府在经济中的强干预措施将越来越少。减政放权，促进创新创业，释放经济内生动力，以及促使金融体系更好地为实体经济服务等政策，在宏观上和战略上为供应链金融等新型金融业态的兴起创造了制度条件。银行类金融机构的传统金融业务经验和近年来开展的供应链金融服务探索，为深化银行主导的供应链金融服务体系打下了基础。鉴于现有监管框架和市场成熟程度，类似于日本的债权交易电子平台在供应链金融中的重要性还不能完全体现，但是推出基于供应链的企业债务工具值得积极研究探索。总之，供应链金融在中国经济转型的大背景下，能够较好地适应和引领经济新常态，对于改善中小企业融资难、融资贵状况，会大有作为。

第二章　国外供应链金融的发展概况

现代意义上的供应链金融概念，发端于 20 世纪 80 年代，深层次的原因在于世界级企业巨头寻求成本最小化冲动下的全球性业务外包，由此衍生出供应链管理的概念。一直以来，供应链管理集中于物流和信息流层面，到 20 世纪末，企业家和学者们发现，全球性外包活动导致的供应链整体融资成本问题，以及部分节点资金流瓶颈带来的"木桶短边"效应，实际上部分抵消了分工带来的效率优势和接包企业劳动力"成本洼地"所带来的最终成本节约。由此，供应链核心企业开始了对财务供应链管理的价值发现过程，国际银行业也展开了相应的业务创新以适应这一需求。供应链金融业务随之渐次浮出水面，成为一项令人瞩目的金融创新。

在实践中，国际银行业在传统的贸易融资业务基础上，已经发展出完整而丰富的供应链金融产品体系（见表 2.1），包括对供应商的信贷产品，如存货质押贷款、应收账款质押贷款、保理等，也包括对购买商的信贷产品，如仓单融资（供应商管理库存融资）、原材料质押贷款。此外，还包括供应链上下游企业相互之间的资金融通，比如购买商向供应商提供的"提前支付折扣"，供应商向购买商提供的"延长支付期限"等产品。除了资金的融通，金融机构还提供财务管理咨询、现金管理、应收账款清收、结算、资信调查等中间业务产品。当然，不同的国家，因法律环境不同，在供应链金融发展的路径和特点也有所差异。本章将简要介绍部分国家的供应链金融实践概况，以便于比较和借鉴。

表2.1　供应链金融产品概览

针对供应商	针对购买商	融资产品	中间业务产品
存货质押贷款； 应收账款质押贷款； 保理； 提前支付折扣； 应收账款清收； 资信调查； 结算	供应商管理库存融资； 商业承兑汇票贴现； 原材料质押贷款； 延长支付期限； 国际国内信用证； 财务管理咨询； 结算	存货质押贷款； 应收账款质押贷款； 保理； 提前支付折扣； 供应商管理库存融资； 原材料质押融资； 延长支付期限	应收账款清收； 资信调查； 财务管理咨询； 现金管理； 结算； 贷款承诺； 汇兑

资料来源：本书课题组整理。

第一节　以票据为主的日本供应链金融模式

在日本，票据不仅作为结算手段，也作为中小企业筹集周转资金的有力手段得以广泛使用。然而，近年来受电子化潮流的影响，纸质票据融资逐渐面向对电子记录应收债权、库存和应收账款进行统一管理的动产担保融资（Asset Based Lending，ABL）方式转变。

一、日本票据制度的特征

日本的票据（商业票据）在出票—支付—收款的形态上与中国的企业承兑商业票据类似，但中日票据有一个很大的不同点，即日本的票据通常不接受第三方的承兑和保证，只依靠出票人的信用发行。究其原因在于，日本的票据在票据法、支票法及民事诉讼法中有特别的规定，并且其作为一种独立于商业交易、结算可信度高的支付手段得到了广泛应用。从日本的经验来看，促进票据使用的要点可归结为以下几方面（见图2.1和表2.2）：

第一，提高票据的可信度。日本的商业票据使用票据用纸开具，且在票据用纸上明示开票人在特定银行的活期存款账户，银行在确认其可信后再开设活期存款账户。尤其是以有实力的银行为支付行的票据可证明开票人（供应链中的买方）拥有较高支付能力。同时，由于票据在法律上是有价证券，权利的行使和转移都要求出示，所以较为可靠。从这几点看来，普通企业开具的票据总体来说被认为可信度较高。

第二，增强票据的流通性。即使开票人的信用度高，但如果对票据背后的商业交易存在异议，支付人（买方）也很有可能拒绝支付，导致票据的流通受阻。针对这个问题，在日本如买卖方和买方（债务人）之间存在商业交易上的纠纷（人的抗辩），只要票据受让人（第三人）是善意的，债务人就不能拒绝支付。即使转让人（卖方）是无权利人，也不影响善意的受让人（第三人）在票据上的权利（善意取得）。

第三，提高结算的可预测性。在日本由银行业协会运营的票据
交换机制中，设定了对票据拒付（不能支付）处以停止银行交易的
惩罚措施。实际上，受到银行交易停止处分的企业，在所有的金融
机构都已不能使用票据支付，且借款也必须立刻偿还。由于有此类
严厉的惩罚规则，对买方来说，票据结算成了最优先的支付债务。
同样，日本在票据的交换机制中规定票据持有人可在票据交换日的
一定时间自动实现现金化。基于这几点原因，票据在一定的时点上
变现的可预测可能性就会很高。

第四，建立迅速的审判制度。有关票据的审判，在日本的民事
诉讼法中有特别的规定。如前文所述，由于票据是有价证券以及人
的抗辩被切断等原因，通过限定诉讼对象和证据的范围，就可以迅
速、简易地进行判决。

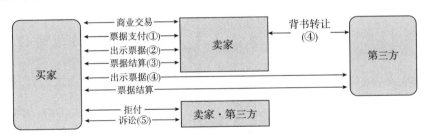

图 2.1　日本推动票据使用的要点

表 2.2　中日的票据比较

要点	日本票据的特点	中国的实际情况
票据的信用力	以有实力的银行为支付行的票据本身即被认为是买家支付能力的证明,票据作为有价证券,其权利随证券的转让而转移	一般来说,买家为了让对方接受自己的票据,会找第三方来承兑(需要手续费或事先汇款)
与商业交易的分离	与作为票据起因的商业交易分离,持有人的权利由票面所载内容而被形式上确定(断绝人为抗辩)	由于包括商业交易在内的异议,支付有被拒绝的风险
结算的可预测性	票据交换的制度结构使买家有最优先支付票据结算的义务。此外,在某确定时刻即可现金化	实务中,支付时间也可能被延期
票据背书转让中的风险排除	即使转让人是无权利人,也可取得票据上的权利(善意取得)	由于背书转让中的异议,支付有被拒绝的风险
票据的审判制度	在票据诉讼制度中,通过限定诉讼对象和证据范围使得判决可以迅速、简易地获得	需要花费和一般诉讼一样的时间和成本

资料来源:野村综合研究所(NRI)根据以往研究及采访等制作。

在日本,票据作为一种便利的结算手段得到了广泛、有效的利用。如图 2.2 所示,按照时间序列观察日本全国票据交换数量和金额的话,可以发现在数量方面,20 世纪 70—80 年代每年有 4 亿—4.5 亿张,金额则在 20 世纪 90 年代初达到约 5 千兆日元,相当于

GDP 的 12 倍（1200%）。之后，由于大额结算和企业间结算由票据转为经由银行系统结算，日本的票据的数量和金额都出现了减少的趋势。此外，从一张票据的平均金额来看，日本泡沫经济时期曾高涨至 1200 万日元，最近则停留在 400 万日元水平。

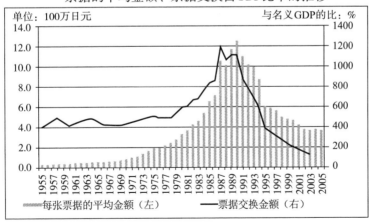

图 2.2　日本全国票据交换量和金额的推移

资料来源：野村综合研究所（NRI）根据日本全国银行业协会的数据制作。

二、票据在日本供应链金融领域的应用

出具商业票据进行商业交易支付时（支付票据），由于允许买方延长一定时间支付现金，使得支付票据成为资金筹集的手段。然而，对卖方而言，只能在票据的支付期间内兑现的话会造成资金回收的延迟。为此，以银行为主的金融机构等通过票据贴现，对卖方提供周转资金。

票据贴现是由银行等基于持票人的申请，收购未到期的承兑汇票，由此将汇票兑现的方法（见图2.3）。供货商采用此方法的好处在于用买方的信用作补充，即便因信用水平较低等、单靠供货商自身来筹资有困难时，也能够容易筹措到资金。并且对银行来说，因为可以从出票的买方回收资金，相比仅依据供货商的信用风险贷款，风险要小。

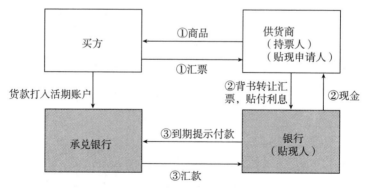

图2.3 票据贴现的基本机制

注：①供应商销售商品，从买方收取汇票代替现金；

②供应商向银行申请未到期承兑汇票的贴现，通过银行收购汇票将之转化为现金；

③银行到期提示承兑银行付款，在承兑日回收资金（如果买方到承兑日为止未将货款打入活期账户，则供应商需承担从银行买回汇票的义务）。

资料来源：日本金融机构在研讨会中的说明资料。

通过观察各种企业短期融资对总资产的占比可以发现，20 世纪 70 年代中期供应链金融中的应付票据占总资产的 17% 左右，应收票据贴现余额占总资产的 8% 左右，之后呈现逐渐降低的趋势（见图 2.4）。

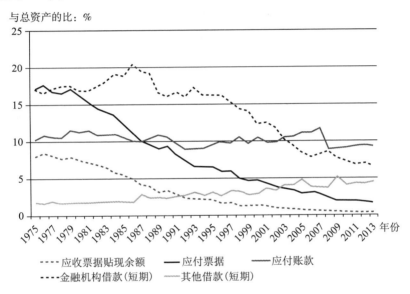

与总资产的比：%

- - - - 应收票据贴现余额　——— 应付票据　——— 应付账款
- - - - 金融机构借款(短期)　——— 其他借款(短期)

图2.4　企业各种短期融资比重的变化

注：金融保险以外的全行业、全规模。
资料来源：野村综合研究所（NRI）根据财务省《法人企业统计》制作。

接下来，从日本企业各种短期融资对月销售额占比的变化来看，可以发现应付票据、应收票据、应收票据贴现占比逐年减少，而应收账款、应付账款占比不断上升（见图 2.5）。其原因在于，信息系统的改善使得经由全国银行系统的电子汇款和划账作为企业的结算手段获得了更为广泛的应用。

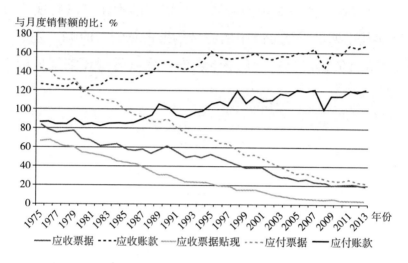

图 2.5　日本企业间信用度高低（月销售额对比）的变化

资料来源：野村综合研究所（NRI）根据财务省《法人企业统计》制作。

三、日本供应链金融的模式

由于上述原因，近年来，日本依次开发出把应收账款活用到卖方资金筹集中的方法。

第一，一揽子转让型保理。一揽子转让型保理是把供应商针对买方持有的债权一揽子转让给特别目的公司（SPC）等，供应商在货款付款日以前收取转让款来筹措资金的方法（见图 2.6）。作为取代汇票的新的结算手段，由买方主导采用。

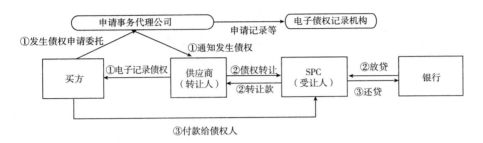

图 2.6　一揽子转让型保理的基本机制

注：①买方通过申请事务代理公司，在电子债权记录机构申请记录。由申请事务代理公司通知卖
　　方债权发生，买方与供应商之间产生电子记录债权。
　　②供应商在付款日期前将电子记录债权转让给 SPC，SPC 从银行借款，向供应商支付转
　　让款。
　　③买方在付款日向作为债权人的 SPC 付款，SPC 偿还银行贷款。
资料来源：日本金融机构在研讨会中的说明资料。

　　一揽子转让型保理作为供应商资金筹措方法的优势在于：其
一，借入之后，通过转让持有的电子记录债权有可能增加筹资金
额。其二，通过依靠买方信用，有可能以较低利率筹资。其三，减
少票据交易产生的事务工作，通过简化手续（利用互联网等），在
付款日期前获得资金。

　　第二，动产担保融资（Asset Based Lending，ABL）。ABL 是着
眼于供应商的业务本身，立足于业务判断资产的价值实施贷款的方
法。具体做法是，把应收债权和库存等作为抵押物，根据借款人报
告的应收债权和库存等的情况，按应收账款对方的支付能力及库存
的市场性等，对抵押物进行经常性评估，并在评估额度范围内放贷
（见图 2.7）。

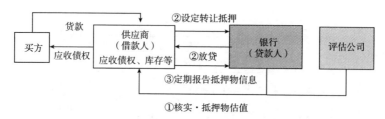

图 2.7　ABL 的基本机制

注：①评估公司或银行对供应商持有的应收债权和库存等进行核实，评估作为抵押的价值。
　　②供应商把应收债权和库存等转让抵押给银行，银行以其抵押价值为最高限额放贷。
　　③供应商之后也定期地向银行报告应收债权和库存等余额的情况，银行根据报告更新抵押价
　　值，以抵押价值为最高限额调整贷款余额。
资料来源：日本金融机构在研讨会中的说明资料。

　　ABL 作为供应商资金筹措方法的优势在于：其一，因业务快速扩大，银行难以推测判断供应商的未来发展前景，导致供应商难以确保充足资金的局面时，这种方法使筹资的可行性增大。其二，不依靠房地产抵押等，可以利用作为业务收益来源的各种资产来筹措资金。其三，由于供应商和银行之间通过持续的信息共享加强了关系，所以可以期待银行在适当的时机为企业建言献策、或在效益恶化及紧急情况时迅速、灵活地给予支援。

　　第三，应收债权/票据债权流动化。应收债权及票据债权流动化是供应商把基于商业交易持有的应收账款债权、票据债权转让给特别目的公司（SPC）等第三方，以收取转让款的方式来筹措资金的方法（见图 2.8）。供应商原则上不承担买回所转让的应收债权、票据债权的义务，买方信用风险（全部或者部分）被转移到银行。

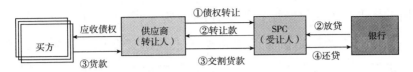

图2.8　应收债权/票据债权流动化的基本机制

注：①供应商把所持有的应收债权转让给 SPC。

　　②SPC 从银行借款，作为应收债权的转让款支付给供应商。

　　③回收货款的工作继续由供应商进行，供应商在应收债权的到期日将回收的货款交付 SPC。

　　④SPC 用收回的货款偿还银行贷款。

资料来源：日本金融机构在研讨会中的说明资料。

应收债权/票据债权流动化作为供应商资金筹措方法的优势在于：其一，在借款之外，通过转让所持有的应收债权、票据债权，筹资金额有可能得以增加。其二，较之依据买方信用的筹资，筹资利率有可能更低。其三，满足一定条件时可作为表外交易，收取转让款减少有息负债等，供应商的各种财务指标可得以改善。

第二节　日本供应链金融发展环境的改善

本章第一节介绍了日本供应链金融的特征，即以票据这种可靠性较高的支付手段为基础的卖方筹资机制及近年的发展动向。本节主要介绍支撑这种机制的日本基础设施建设的情况。

一、日本供应链融资的发展过程

日本企业间的支付方式经过了漫长的发展过程（见表 2.3）。其中，日本供应链金融发展过程的特征是票据作为高确定性的结算手段被广泛利用，随之，支付票据作为买方的周转资金筹措方式被采用的同时，票据贴现作为卖方的融资手段也得以广泛利用。然而，认识到了票据融资会产生票据丢失及事务费用等问题后，日本在推进银行联网化的过程中，银行汇款转账等电子结算方法的使用超过了票据。

表 2.3　日本企业间支付手段的变迁

时间（年）	事件	意义
1899	实行商法	创设票据制度
1930	批准国际公约及实行票据法	现行票据制度的开始
1973	启动全国银行网络系统	银行汇款转账的网络化
1986	发表一次性支付系统	开发了最初的票据回帖机制
1997	发表一揽子保理	开发了更为便利的票据回帖机制
1998	实行债权转让特例法	为推动资产流动化，将"登记的第三者对抗要求"法制化
2005	修订动产/债权转让特例法	实现不特定债务人的"将来债权转让登记"
2008	实行电子记录债权法	作为国家战略的一环将"电子记录债权"法制化
2009	主要银行电子债权记录机构的开业	产生了日本最初的电子记录债权

资料来源：野村综合研究所（NRI）根据日本金融机构在研讨会上的说明资料制作。

如此，日本从票据转为利用应付账款/应收账款的方式帮助卖方筹资的机制（一揽子保理等）开始普及。然而，新机制的推进需要完善法律法规，于是日本制定并施行了《与动产及债权转让的对抗条件相关的民法特例等相关法律》（动产/债权转让特例法），同时也建立健全了登记备案体制。并且为消除活用应收账款债权时容易出问题的双重转让和双重要求付账的风险，日本还制定并实行了《电子记录债权法》。设立了以主要银行为首的电子债权记录机构，开始提供供应链金融服务，目前该业务不断增加。在完善法律制度的前提下，日本的银行业协会等民营企业团体和民营企业通过提供平台和服务，完善了支持供应链金融发展的基础设施建设。

二、日本供应链金融的基础设施建设

下面按照日本票据交换制度、《分包法》、动产/债权转让相关法令、企业信用信息、电子记录债权制度的顺序进行具体说明。

（一）日本的票据交换制度

前面说明了日本票据制度的特征，确认了票据从法制（票据支票法、民事诉讼法）和平台（票据交换制度）两个方面得到支持成为高信用的结算手段的情况。下面具体说明日本票据交换制度的功能及其特征（见图2.9）。从票据交换的流程来看，票据的领取人/持有人为了在结算日交换票据，需委托有存款账户的银行进行催缴（尽管款项转入账户，但尚不能兑现）。在票据的支付日，经票据交换所将票据出示给有支付人存款账户的银行分行，然后再从支付人的活期存款中进行扣除结算。到这一步为止是普通的票据交换/结算机制，而日本的票据交换具有如下特征：

可支付时限：通常，截至票据交换日次日的上午9：30，如未提出拒付或异议则票据金额可自动兑付现金。

拒付制度：由于支付人的资金不足无法在支付期限内进行结算时，该票据将作为"拒付票据（空头支票）"被通报到所有金融机构，半年内出现2次拒付的话，该支付人与所有金融机构的交易将被停止（停止交易处分）。这种情况下，由于活期存款交易也被停止，支付人除不能再发行票据外也将丧失从所有金融机构领取的全部融资期限内的利益（必须即刻返还）。因此，企业的停止交易处分实际上被视为"事实上的破产"。

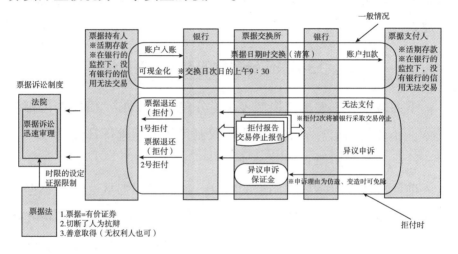

图 2.9　票据交换的机制

资料来源：野村综合研究所（NRI）制作。

提出异议与审判制度：非资金不足而是以票据支付的合同行为为由拒绝结算时，支付人（买方）必须向票据交换所提供与票据金额相等的资金（"提出异议提供金"）进行托管。在此基础上，如审判过程中产生争议的话，则适用可迅速获得判决的票据诉讼制度。这是因为根据票据的法律特性（票据为有价证券，人力抗辩被切断，认可受让人的善意取得），由于限定了争论点和证据，因此可以在审判中设定时限。

（二）日本的《分包法》

除上述的票据交换机制外，票据被广泛使用的间接原因在于日本拥有排除买方不正当要求的保护卖方的《分包法》（见图2.10）。当没有规则和监管时，由于买方强势，对于相对规模较小的卖方（分包方）来说，如果买方有不正当要求也不得不接受。因此，如果没有保护广泛小规模卖方（中小企业）的法令的话，商业交易当事人间的信赖关系则难以成立。而《分包法》针对规模较大的买方规定了在商业交易和支付/结算方面的义务及禁止行为，同时为了保证法律的实效性，设立了确保具有较高独立性的公平交易委员会，由该委员会负责监督实施。

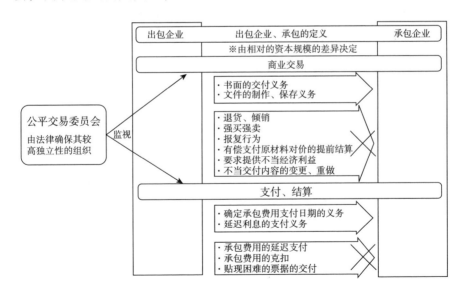

图2.10　日本的《分包法》

资料来源：野村综合研究所（NRI）根据公平交易委员会HP制作。

在该机制下，签订商业交易合同时，排除了买方自行或事后操作交易条件的情况，同时在设定结算/支付条件时，加进了保护弱势分包商的内容。为此可以认为，《分包法》降低了在交易和支付条件方面产生纠纷的可能性，通过尽可能地降低结算的不确定性来提高应收账款和票据的可靠性，从而支持供应链金融的顺利运行。

（三）日本动产/债权转让相关法令

表2.4归纳了日本动产及债权转让相关法令的概要。以前，债权转让的第三者对抗条件是通过签有确定日期的证书的形式通知债务人或必须有债务人的承诺。但从债权人（卖方）的立场来看，如债权用于转让担保的信息被债务人（买方）获知的话，会使债务人怀疑本公司的资金周转或信用方面出现了问题，从而影响之后的交易。为此，日本法律规定债权转让登记可作为第三者对抗条件。另外，通过集合债权转让登记的制度化推进，使得将来发生的债权（包括第三债务人未定）也可成为转让登记对象。

如果是动产，为了具备第三者对抗条件，以前需要"明确认定"，即在对象物件上粘贴封条，表示存在与利用者不同的所有者。但这种方法容易使拜访者误解"这个公司危险"并使得不良传闻扩散。而且从金融机构等的立场来说，会担心融资的债务人（交易的卖方）企图撕下封条。由于上述原因，最终将动产转让登记作为第三者对抗条件列入了法规。另外，集合动产转让登记的制度化使得随时变化的库存品能成为转让担保对象。

表 2.4　动产/债权转让相关法令

要点		应收债权担保·流动化	动产（库存）担保
中国	法律依据	·保理·债权转让（合同法） ·应收账款抵押（物权法）	·固定抵押与浮动抵押（物权法）
	法律权利的课题	·应收债权转让的第三者对抗要件不明确 ·应收债权抵押的第三债务人对抗要件不明确	·由于固定、浮动抵押的区别导致库存担保权人、商业交易买家的权利不稳定
日本	法律依据	债权转让担保（根据判例）	动产转让担保（根据判例）
	对抗要件	1. 第三者对抗 ·债权转让登记 可以"用有确定日期的文件（内容证明信件）来进行债务人通知或债务人承诺" 2. 债务人对抗 ·转让人或受让人将登记事务证明交付并通知给债务人，或债务人进行承诺	第三者对抗 ·动产转让登记 *"对担保物的明认"也可能
	登记制度 *活用于商流金融的情况	1. 集合债权转让登记 ·对多个第三债务人反复产生、消失的债权的集合体 2. 登记内容 ·债权编号 ·债权的发生原因及第三债务人及债权发生时的债权人的数量、姓名和地址 ·债权的种类 ·债权发生的年月日（开始和结束日期）	1. 集合动产转让登记 ·库存品等由营业而反复流入、支出的动产 2. 登记内容 ·动产编号 ·保管场所的所在地

资料来源：野村综合研究所（NRI）制作。

（四）日本的企业信用信息

在日本，小规模的信用调查公司被逐步整合、淘汰，目前仅有两家大型信用调查公司提供广范围服务（见图 2.11）。日本的信用调查公司与中国一样从正式机构获得的公开信息有限，需要熟练的调查员通过打探等方式来收集信息。而与中国不同之处是日本的信用调查公司的可靠性高，因此很多中小企业愿意主动提供信息。由于调查员来访被视为公司潜在顾客或与公司和顾客有交易的金融机构委托进行调查，因此企业会主动提供信息，而这种做法也会对自己的公司有好处。

大型信息调查机构，通过这种脚踏实地的调查，长期积累起庞大的企业数据库，包括票据拒付和违约、破产等信息以及有关结算的担忧信息等。如前所述，由于中小企业主动提供信息使得被收录的财务数据科目更加充实，而金融机构等通过购买这些数据可以对详细的财务信息、业界动向及违约风险等进行分析。

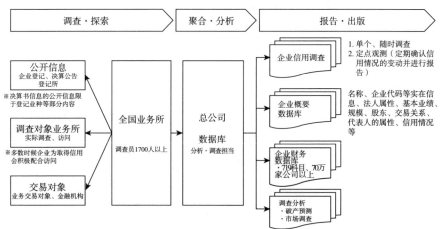

图 2.11　企业信用调查机构的功能概要

资料来源：野村综合研究所（NRI）根据帝国数据银行 HP 及各种宣传册制作。

（五）日本的电子记录债权

如前所述，从供应链金融的占比来看，日本的票据融资近几年呈逐渐减少的趋势，而应收债权的重要性却日益高涨。然而，在供应链金融中使用应收债权的话，存在着与票据不同的双重转让的风险以及人力抗辩未被切断的问题，因此，事实上不可能通过票据那样的背书方式来进行周转流通。鉴于上述原因，作为使应收债权的不足最小化，同时最大限度发挥票据优点的新体制，日本于 2008 年制定《电子记录债权法》，完善了电子记录债权制度（见图 2.12）。

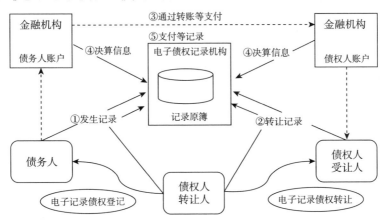

图 2.12　日本电子记录债权的概要

注：①电子记录债权的产生：债权人和债务人双方向电子债权记录机构发出"发生记录"申请，
　　电子债权记录机构据此在记录原簿上实施"发生记录"，就产生了电子记录债权。
　　②电子记录债权的转让：转让人与受让人双方向电子债权记录机构提交"转让记录"申请，
　　电子债权记录机构据此在记录原簿上实施"转让记录"，就可以转让电子记录债权。
　　③④⑤电子记录债权的消失：利用金融机构从债务人账户向债权人账户转账支付时，电子记
　　录债权消失，电子债权记录机构根据从金融机构接到的通知及时进行"支付等记录"。
资料来源：野村综合研究所（NRI）根据《电子记录债权法》（金融厅·法务省）制作。

电子记录债权与票据一样，人力抗辩被切断，善意取得（即使转让人是无权利人，所有受让人也受到保护）被认可。且由于电子

记录债权是一次性被登记到记录簿，可回避双重转让的风险。然而，尽管在日本电子记录债权的使用有增加的倾向，但其普及度尚未达到票据的程度，望今后有进一步发展（见表2.5）。

表2.5 电子债权网（全国银行业协会设立的电子债权记录机构）的业绩

（单位：家、件、十亿日元）

期间	使用者登记情况		电子债权网请求等处理量							支付不能处分制度运用情况		
	使用者登记数	使用合同件数	发生记录请求		月末余额	转让登记请求		分割登记请求		支付不能电债		交易停止处分
			件数	金额		件数	金额	件数	金额	件数	金额（百万日元）	件数
2013/2 – 2014/1	330953	430668	169215	1310	857	26482	254	4813	66	3	2	1
2014/2 – 2015/1	402202	535596	662257	5068	2093	117845	1166	21209	238	19	55	3

注：电债在支付期限内未被支付（支付不能）的话，该债务人出现不能支付的情况及理由会被通知到所有参与金融机构（与债务人的信用无关的不能支付的情况除外）。同一债务人如在6个月内出现2次以上不能支付的情况，该情况不仅要通报给所有参与金融机构，还要对债务人采取停止交易的处罚。

资料来源：株式会社全银电子债权网。

第三节 美国 ABL 供应链金融模式

美国供应链金融是在流动资产综合处理的法律制度下，通过综合担保取得企业持有的应收账款和库存，并重视将其应用于金融机构授信的制度。特别是近年，活用 IT 提高了动产担保融资（ABL）的生产效率，且实现了实时掌握应收账款和库存情况，使其作为授信抵押资产的有效性和可靠性获得了大幅提升。本节首先确认美国的 ABL 模式的概要；其次，按照应收债权/动产担保相关的法律制度、通过 IT 促进 ABL 发展的顺序进行深入探讨。

一、美国的 ABL 模式的概要

美国 ABL 的基本模式就是在以 ABL 方式进行融资时，根据库存和应收账款的评估额决定贷款的上限额度。具体手法如图 2.13 所示，首先从应收账款和库存等作为担保的资产账簿上的余额中扣除不合格担保资产，并将剩余的金额作为担保合格金额。然后，再用担保合格金额乘以每个担保种类所占比例算出合计金额，最终算出实际可贷的金额（上限额）。将前面提到的每个担保种类所占比例称为"预贷款率"（Advanced Rate），担保合格金额乘以预贷款率算出的金额则被

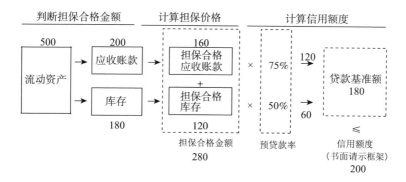

图 2.13　美国的 ABL 手法的概要

资料来源：日本经济产业省 ABL 教材中的金融实务部分。

称为"贷款基准额"（Borrowing Base）。贷方以上述方法算出的贷款基准额为基础，审批限额，即设定"信用额度（Credit Line）"，但由于考虑贷款上限额的变动，该信用额度通常会设定稍大金额。

二、应收债权/动产担保的法律制度

在美国，与应收债权和动产担保相关的法律制度指的是统一商事法典（Uniform Commercial Code，UCC）第 9 编（以下简称"UCC – 9"）中，全面规定债权及动产的担保交易，从而可以通过较为简便的手续设定担保权。① 具体来说，将包括应收债权等在内的广范围的内容统一规定为动产（个人财产，Personal Property）、放宽特定担保物的记载内容、简化担保权成立和第三者对抗条件需具备的条件及按照优先劣后关系进行决定等的特点。另外，关于将来取得物件，如与担保合同中记载的担保物相符，则依据该记载视担保权有效，且可对抗第三者。同时，处分担保物的收益（Proceeds）②的担保权也自动成立。

关于利害关系者之间的优劣，由归档的先后顺序决定。所谓归档是指记载了担保权设定人及担保权人的名称、担保目的物的描写（目的物的记载要件以类型为单位）的授信公告书（Financing Statement）文件的简便内容。即使针对将来取得物件和将来贷款债权，

---

① UCC 制定于 1962 年。在美国，库存作担保原本是以占有为前提的，但在担保实务中却慢慢转向了非占有。而在转变过程中曾出现过借方拥有物件属于违法的案例，使统一实务与法律制度的必要性凸显。加之美国的很多州都未确立收益概念，每笔交易都要重新设定担保权，这给担保实务带来诸多不便，因此，建立统一法制成为当务之急。

② 收益是指假设的基于担保物处分的等价，但在 2001 年修订 UCC – 9 时追加了"担保物所产生的诸权利"的阐述，扩大了该概念。

也是最初确保了抵押权者拥有优先权。以前，进行归档的州是担保资产所在的州，但在 2001 年修订 UCC 后，被合并为债务人所在的州，且归档方法也被统一为电子归档，其结果是与担保交易相关的交易费用急剧下降。

三、IT 机制与 ABL 业务

最近十几年，伴随着 IT 的发展，ABL 业务的效率也获得了极大提高，同时由于可以高频率把握正确的担保价值，对贷款方而言，ABL 成了稳定的融资手段。

如图 2.14 所示，ABL 的贷方通过活用 ABL 管理软件，在该 ABL 管理软件中输入来自借方的信息、来自库存物件的评估公司及企业信息供应商等的信息，并以这些数据为基础计算出库存和应收账款的实际价值和信贷额度。借方企业则通过使用大型系统公司的财务软件，输入每天的接发订单、交货、销售额、回收等数据以及付款通知单等的证据信息。ABL 软件提供连接通用财务软件的接口，库存和赊销的数据及证据的软拷贝经由网络被送往贷方的 ABL 软件。贷方从评估应收账款及库存的信息供应商购买数据，并将这些数据输入 ABL 软件。在评估应收货款时，贷方根据支付企业相关的公开信息等，在 ABL 软件提供的计算公式中输入参数，评估库存时，也将评估公司提供的评估信息作为参数进行输入。据此，每天更新担保评估额及放款余力等数值。ABL 软件具备多种功能，包括制作各种管理报告、总结应收货款的回收状况、以及制作发送给第三者债务人（支付企业）的通知信件和发给相关人员的电子邮件等。

评估公司从库存品的处分业绩和业界采购人员等各种信息源中

收集与库存品的市场价格相关的数据，进行库存物件的价格评估。物件价格的评估，有基于换价业绩的方法和基于大量行情信息（购买动向等）的方法。根据评估公司，有时也利用输入商流阶段和换价期限等条件来计算评估值的模式。

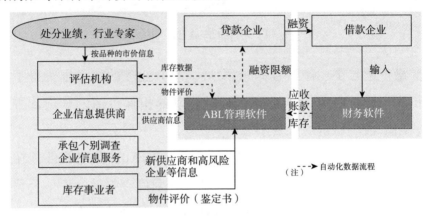

图 2.14　活用 IT 的 ABL 信息流

资料来源：野村综合研究所（NRI）根据采访等制作。

四、ABL 事例介绍：流动性的管控

上述 ABL 管理软件的普及，实现了一天一次或每天都能进行的资金管理。图 2.15 是以零售业为预想对象的 ABL 流动性管理结构图。

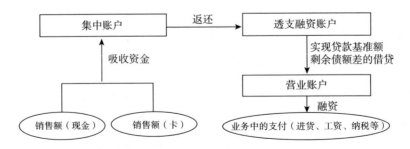

图 2.15　ABL 流动性管理机制

资料来源：野村综合研究所（NRI）根据采访制作。

　　每天的销售额被自动转入资金集中账户，在每天营业时间结束时被充作透支融资账户的返还。对借方来说，返还金额部分可以节约利息，同时可以从融资限额中留出第二天所需要的借款余地。第二天早晨，再次从透支融资账户中提取所需资金，并转入营业账户。这种情况下，营业结束时借方企业手中通常是没有现金的，对于企业来说会担心出现流动性问题，但在美国，由于透支融资账户有依据合同一定可以实行融资的承诺限额，因此可以被认为借款限额等同于流动性。在这种机制下，通常设定了"借款额必须在借入基数的8成以下"的条款（约定事项）。如果企业的经营情况出现恶化，则流动性会下降（尽管通过大甩卖可以清理库存，但回收资金会大幅减少，因此，减少进货或减少库存以降低借入基数；或不减少进货的话，借入额会增加），与该约定事项相抵触。此种情况下，贷方将要求借方重整业务。

　　在这种机制下，尽管借方可以在企业经营状况没有问题的情况下使借款利息最小化，但企业经营一旦出现恶化与约定事项相抵触的话，没有贷方认可，其每天的资金周转就会即刻停止。因此，当出现与约定事项相抵触的情况时，借款企业不可能放弃与贷款方的合作，这对贷款方来说，可以降低借款方违约跑路以及擅自处理库存品的风险，即使在进行抵押处理时，也可以通过销售给一般的交易伙伴来避免被迫出现进行"廉价拍卖"处理的事态。

第四节　其他国家和地区的供应链金融实践①

一、墨西哥国家金融发展银行的保理计划

墨西哥国家金融发展银行（Nafin）是墨西哥政府 1934 年创立的一家国有开发银行，目标是提供商业融资。现在大约80%的二级业务是商业企业的应收账款保理。Nafin 在墨西哥在线给中小供应商提供保理服务。该计划叫"生产力链条"计划，在"大型买家"和小型供应商之间创造"链条"时起作用。大型买家是大的、信用可靠的企业，信用风险低。供应商是典型的小的、有风险的企业，他们一般不能从正式的银行系统部门融资。Nafin 计划使这些小供应商用他们对大买家的应收账款来为营运资本融资，有效地将他们的信用风险转嫁给他们高质量的客户，而用更低的成本融到更多的资金。

Nafin 的独特之处是它运行一个电子平台提供在线保理服务——降低成本，保障安全。超过98%的服务是电子化的，这就降低了时间和人力成本。通过互联网，无论是国际的还是地区的商业银行都可以通过电子化的平台参与进来。Nafin 用互联网和地区的"合同中心"来营销和提供服务。高技术带来了规模经济——Nafin 保理的市场份额从 2001 年的 2% 增加到 2004 年的 60%。

---

① 本节内容引自深圳发展银行—中欧国际工商学院"供应链金融"课题组：《供应链金融》，上海远东出版社 2009 年版。

从 2001 年 9 月 "生产力链条" 计划开始实施以来，到 2004 年中，Nafin 已经和 190 家大型买家（大约 45% 是私人企业）和超过 70000 家中小企业（不包括参与的约 150000 家供应商）建立了生产力链条。国内的银行和独立的金融机构约 20% 也参与进来了。Nafin 的融资已经超过了 90 亿美元，每月的保理营业额也超过 60 万美元。Nafin 充当经纪人的交易超过 120 万美元，每天约 4000 笔业务，其中 98% 是中小企业的交易。

还有一些其他的特征使 Nafin 计划非常独特。例如，所有的保理都是无保留追索权的。这样小企业可以增加他们持有的现金，改善他们的资产负债表。Nafin 的 "多保理商" 结构使保理商竞争保理供应商的应收账款。另外，Nafin 支付与电子化保理平台和法律工作相关的费用，如文件传递、准备和签订合同等费用，所以 Nafin 只收利息而不收服务费。Nafin 用保理商支付给它们的再融资的利息或服务费来负担这些成本。

Nafin 计划成功地凸显出保理作为营运资本融资渠道的重要作用。成功的保理计划要求政府建立法律法规环境的支持，以保证电子化的、安全的应付账款销售。所有这些对发展中国家供应链金融业的发展都有很好的借鉴意义。

二、荷兰银行的供应链金融模式

信用证贸易由于涉及多家银行及买卖多方的单证处理，因此管理成本高、交货易被耽搁。目前荷兰银行采用的一种比较可行的解决方案是，通过自己的 MAXTRAD 系统实现离岸单证的业务外包。拥有全球布点和网络的商业银行，合理运用因特网技术，就有可能做到通过供应链金融业务为客户创造双倍的价值。

以一家地处欧洲的大型零售商 R 为例，它的供应商在中国大陆及香港，每年 R 公司需要从银行开数千份信用证用于进口亚洲产品，传统信用证贸易下的单证处理所耗费的时间和成本对贸易关系形成极大的障碍。

荷兰银行的 MAXTRAD 信息系统是一种客户拥有端口、由银行进行管理的数据系统，该系统免去了客户面对大量烦琐纸质单证的烦恼。买卖双方客户端只需将所需数据输入 MAXTRAD 信息系统，数据通过因特网被传输到荷兰银行全球网络系统。所有单证的开立、通知、承兑、确认等往来全部由荷兰银行在全球不同地点的分支机构通过 MAXTRAD 处理。传统有纸化流程中复杂的制单、核证等劳动密集型的事务，全部由荷兰银行设在印度金奈（Chennai）的后台处理中心完成，近似于单证业务外包。印度低成本和高质量的集中专业化、无纸化单证处理极大地降低了信用证业务的成本。同时，由于荷兰银行拥有全球网络，开证、通知、承兑等多银行间的合作有可能全部被纳入荷兰银行的内部系统，流程效率得到最大限度的提高。

通过 MAXTRAD，买方贸易成本降低，开证速度加快，买方与供应商关系得以加强，可供选择的供应商数量增加。

这里值得强调的是，荷兰银行位于印度金奈专业单证处理的后台部门发挥的作用。在全球范围的贸易中，采用离岸式（offshore）单证处理，至少有如下好处：第一，避免某些税率偏高的地区（如欧洲）对信用证征收很高的印花税。第二，供应商本身就在亚洲。第三，供应商当地中小型银行开立的信用证有时不被供应商接受，而荷兰银行当地银行的信用证非常受企业欢迎。第四，节约成本。荷兰银行不同地区银行的运营成本不同，将某些业务环节由高成本分行外包给低成本后台服务中心，高成本地区的分行无须增加设施和人员投入（比印度高得多），节约的成本也能惠及客户，如开证费的降低。

荷兰银行对比了采用单证处理后台技术前后，贸易流程周期变化及因单证不符而产生的返工制作处理的情况（见表2.6）。

表2.6　荷兰银行单证处理有无后台支持效率差别

采用单证处理后台技术前						
类别 项目	亚洲			欧洲、中东		
	一组	二组	三组	一组	二组	三组
平均资金周转期（天）	31	136	45	49	45	61
单证不符率（%）	7	90	85	–	–	–
采用单证处理后台技术后						
类别 项目	亚洲			欧洲、中东		
	一组	二组	三组	一组	二组	三组
平均资金周转期（天）	18.5	38	23	37	33.5	30
单证不符率（%）	0	25	9	25	25	17

资料来源：转引自深圳发展银行—中欧国际工商学院"供应链金融"课题组：《供应链金融》，上海远东出版社2009年版。

本章简要小结

近年来，随着国际贸易中买卖双方合作关系的变化，国际贸易供应链渐趋成熟和稳定，伴随着电子商务及互联网技术水平的不断提高，供应链金融业务在国际市场上呈现出突破性发展的趋势，具有以下一些主要特点：

1. 结算方式的改变

供应链的形成和深化使买卖双方结成了日益紧密的合作关系，传统意义上的卖方和买方不复存在。这种紧密的贸易合作关系决定了结算方式的必然改变。费用高、时效性差、以管理不付款（non - Payment）风险为主要目的的融资工具如信用证等市场份额逐年下降，而赊销的付款方式日益增长。由于产业链竞争加剧及核心企业的强势，赊销在供应链结算中占有相当大的比重。2009 年 4 月 8 日，国际信用保险及信用管理服务机构科法斯集团（Coface）在上海等多地针对中国内地"企业微观付款行为"发布了《2008 中国企业信用风险状况调查报告》。据该报告显示，企业通过赊账销售已经成为最广泛的支付付款条件，其比例已经从 2007 年的 54.1% 上升至 2008 年的 64.9%，与之相对应"一手交钱，一手交货"的货到付款的比例已经从 2007 年的 25.8% 滑落至 2008 年的 12.9%。而赊账销售额占企业的国内销售额的比重更是攀升至 51.3%。

2. 产品和服务创新层出不穷

国外金融机构运用全局化的观念，实时追踪供应链中货物及资金的走向，通过灵活的融资解决方案，为客户降低交易的风险，实现服务和产品的价值增值。在保理、资产支持型贷款及中间业务方面，均涌现出大量的创新成果，除了传统的仓单质押、保兑仓、融通仓、未来货权质押和应收账款融资外，还新增了厂商银、购销通和全程物流监管等供应链金融产品。

3. 相关的法律法规日益成熟、健全

完善的法律框架对于信贷市场的发展意义重大。近年来，大量文献证明了在良好的信贷人权利保护和信贷市场发展之间存在明显的正相关关系。信贷人权利的保护首先体现为正式的法律文本中对信贷人权利的具体规定。这些法律规定在大陆法系国家一般表述在《商法典》之中；在普通法系国家则体现在判例形式的习惯法和相关的单行成文法律之中。供应链金融业务主要是资产支持型信贷业务，因此，上述有关信贷人权利的法律安排（尤其是涉及动产质押的内容）将直接影响金融机构开展此类业务的积极性。国际上特别是西方发达国家在这方面的法律法规已经非常完善。

4. 强大的电子信息技术平台的保障

在国外先进的金融机构中，供应链金融正越来越依靠电子信息技术平台进行日常的操作和维护，这方面的产品创新也必须以电子信息技术作为开发基础。许多银行通过大力开发网上银行，增加渠道服务项目及开发银企直联等方法与客户之间建立起信息共享平台，帮助客户降低操作成本。

第三章　供应链金融的法律制度基础

供应链金融作为一种创新的金融业务，没有良好的对信贷人权利的保护是难以发展起来的，其关键在于营造一个良好的供应链金融生态环境。供应链金融生态环境中最重要的是法律环境，而法律环境（系统）的核心功能在于如何提供对信贷人权利的良好保护。从法律的角度看，供应链金融主要涉及动产质押及应收账款担保，涉及的法律法规主要包括：《物权法》《担保法》及担保法司法解释、《合同法》《动产抵押登记办法》和《应收账款质押登记办法》等。

目前中国这些法律虽然对债权人的权利主张有较为完备的规定，但在具体实践中仍然存在诸多问题，这说明现有法律及执行体系还存在明显的缺失。本章简要介绍中国供应链金融相关的法律制度建设情况及其未来的改进方向。

第一节　担保制度概览

自 20 世纪 90 年代日本不动产泡沫经济崩溃以来，不动产融资担保"神话"不再，其安全性开始受到质疑。同时，寻找新的融资担保的担保物成为金融机构的重要课题。在此背景之下，近年来，借鉴美国融资担保市场的 ABL（Asset Based Lending）制度，流动资产担保这一概念在日本逐渐受到关注。ABL 是以库存和应收账款债权等流动资产为担保物的融资手段。日本在 2004 年修改旧法《债权转让对抗要件之民法特例法》①。根据修改后的新法《动产债权转让特例法》②，库存动产在转让和设定让与担保时，以及应收账款债权在转让和设定让与担保时均可进行登记。这一立法改革可以说为 ABL 的推行和普及铺平了道路。对于银行等金融机构而言，长期以来无法开展动产和应收账款债权担保正是由于在担保物权执行过程无法确保对库存动产和应收账款债权等担保物的优先次序。而动产让与担保和债权让与担保登记制度的建立和统一，为 ABL 制度的推行创造了前提条件。

中国在物权法颁布之后，动产抵押登记和应收账款质押登记制度也分别建立起来，且动产抵押和应收账款质押在实务中也开始运用得越来越普遍。尤其应收账款债权除了质押方式以外，还可以转

---

① 日文原文为"債権譲渡の対抗要件に関する民法の特例等に関する法律"，颁布于 1998 年 6 月 12 日。

② 日文原文为"動産及び債権の譲渡の対抗要件に関する民法の特例等に関する法律"，于 2004 年 12 月 11 日第 1 次修改。

让的方式从保理公司获得融资。商业保理业务也在近年来日渐发展壮大起来。但关于流动资产担保（ABL）的概念目前中国无论学术界还是实务界均尚未明确提出。

与中国分别在抵押和质押制度框架下设立动产担保和应收账款担保不同的是，日本是统一在让与担保制度①框架之下设立动产担保和应收账款担保，且通过前述《动产债权转让特例法》，日本的动产担保和应收账款担保已在法律制度框架（让与担保）和登记制度两个层面都完成了一元化，有效降低了流动资产担保的操作成本，且能满足流动资产担保实务对登记简便和高效的要求。

中国亦曾在物权法制定过程中讨论过让与担保成文法化的问题。② 但由于当时担保法及其施行后颁布的企业动产抵押物登记管理办法中已经承认了动产抵押及其登记制度，在物权法中同时设立动产抵押制度和让与担保制度不但会增加立法成本，而且也会给实务操作带来混乱。③ 因此，最终物权法选择了为动产和应收账款债权分别创设动产抵押和应收账款债权质押制度，以解决中小企业融资难的问题。

中国物权法的特点在于除了特殊动产外，一般动产之上亦可设立动产抵押，且动产抵押已经在物权法中成文化。除了在各个动产

---

① 与中国物权法不同的是，日本法上动产抵押制度仅限于汽车、船舶、航空器等特殊动产，而一般动产仅能设定质押或让与担保。其中，动产质押因需要债务人转移担保物的占有，无法满足企业在设立担保的同时继续占有担保物的需求，真正发挥非占有型动产担保之功能的是让与担保制度。但让与担保并非是民法典中的典型担保物权，而是通过判例法逐渐建立起来的，至今尚未成文化。

② 陈本寒：《动产抵押制度存废论》，邹海林主编：《金融担保法的理论与实践》，社会科学文献出版社 2004 年版，第 125 页。

③ 王利明：《物权法立法的若干问题探讨》，《政法论坛》2001 年第 1 期，第 13 页。

之上分别设立抵押权（物权法第180条）外，还可将原材料、半成品、产品等库存视为一项集合物，在该集合物之上设立一个抵押权（物权法第181条）。此外，物权法中，应收账款担保是通过质押制度实现的。应收账款担保与动产担保不仅制度框架本身不同，而且登记机构和具体的登记程序亦有较大区别。

第二节　动产质押中的基本法律问题

动产质押融资是指供应链上核心企业的上下游企业（一般为中小企业）将生产资料、库存等动产向商业银行质押，从商业银行取得贷款的融资模式。一般来说，商业银行是不接受动产质押担保的，因为相比于土地使用权等不动产，生产资料和库存等动产的价值难以确定，且不宜于保管、容易贬值。但是在供应链融资中，商业银行将供应链上的企业看成一个整体，以供应链上核心企业的经营能力和信用水平为基础。在供应链中，企业之间的交易稳定性更强、周期性也更长，能够保障商业银行收回贷款的安全性，所以商业银行在供应链融资中也接受供应链上的企业提供生产资料、库存等动产质押。

动产质押融资模式主要针对生产运营阶段的资金短缺，在生产过程中，供应链中的企业将购入的原材料分批量投入生产，逐步制成半成品、产成品，接着进入销售环节，运至买方所在地，直到买方付款提货。从购入原材料到售出商品期间，企业的大部分资产以存货等动产的形式存在，积压了企业的大量流动资金。此项融资模式的推广，可以将供应链上中小企业大量积压的存货变成流动资金，使其降低管理成本，改善融资难的处境。

一、中国供应链融资中动产质押的特征

（一）动产质押是以他人的动产为质物的质权

这里说是以他人的动产为质押物也即出质人并不限于债务人，出质人也可以是债权人和债务人以外的第三人。在出质人为第三人时，该第三人即为物上保证人（但是在供应链融资动产质押业务中，出质人一般为中小企业自己）。动产必须为特定物，并且具有财产利益，一般为生产资料、库存等动产。在供应链融资静态动态质押模式中，质物一般都是出质人的动产，即需要融资的中小企业的生产资料和存货，而且这些生产资料和存货往往由出质人送至银行所指定或认可的物流企业仓库，由第三方物流企业进行监督和管理。

（二）动产质权具有优先受偿的效力

当债务人不履行到期债务或者发生其他约定的事由时，质权人可以将该质物折价或者拍卖，就该质物优先受偿。在供应链融资静态动产质押中，如果债务人即供应链融资中的中小企业到期不能履行到期的债务，那么债权人商业银行可以与出质人即需要融资的中小企业或者供应链中的其他企业协议，将质押物进行变卖，从而实现质权的担保目的。

（三）融资对象特定化

供应链融资的融资对象主要是供应链上的原材料提供商、生产商、经销商等。他们一般都是处于供应链上核心企业的上下游企

业，并非所有与供应链中的核心企业有合作关系的企业都是供应链融资的融资对象，这里所说的供应链中的上下游企业，指的是和供应链中的核心企业有长期、稳定的合作、业务关系，并且在信息、资金、运输上能够和核心企业共享，满足供应链要求。当然这里的上下游企业不是一直不变的，供应链上的上下游企业会根据核心企业的战略调整和自身的经营状况发生改变，但这种改变是具有一定的可预期性。

（四）法律关系复杂化

供应链融资中一般存在多种法律关系。主要有：商业银行和中小企业的融资贷款的法律关系；商业银行和中小企业之间抵押权与质押权的法律关系；商业银行与第三方物流企业的委托监管法律关系；商业银行与第三方物流企业委托代理的法律关系等。这里的法律关系包含众多的当事人，也更为复杂，主要涉及《合同法》《物权法》《担保物权法》《商业银行法》。因此也加大了产生法律风险的可能性。

二、中国供应链融资中动产质押的分类

学界根据质物是否处于封存的状态，一般将供应链融资中动产质押分为静态动产质押和动态动产质押。

（一）静态动产质押

静态动产抵押是指供应链中需要融资的企业将屯产资料、库存等动产质押给银行，提供质押担保，银行负责对质物进行妥善保管。因为一般银行没有监管能力，所以银行会委托专业的物流公司对质物进行监管，需要融资的企业在取得贷款后，质押物就

处于第三方物流企业的监管之下不再变动，一直到贷款偿还之后或者银行同意出质人取回质押物为止。从法律角度讲，动产质权的设定取决于银行和供应链上出质人之间的法律行为，出质人转移交付质物给质权人，质权人即取得动产质权，如果从债权债务关系来讲，商业银行就是债权人，融资企业就是债务人。在供应链融资中，除了出质人、质权人以外，作为商业银行受托人的物流企业也参与到静态动产质押的法律关系中，成为质押物的直接占有人。

（二）动态动产质押

动态动产质押的结构基本与静态动产质押类似，区别在于在动态动产质押中，商业银行会事先给供应链中的出质人提供的质押物确定一个固定的最低价值。一般来说，供应链中出质人提供的质押物价值会超过这个最低值，在质押期间，商业银行允许供应链中提供质押物的出质人就超过最低值的部分可以自由地在仓库（一般为出质人的自有仓库）中存入或者提取，允许质押物按照双方协议的方式置换、交易等。商业银行委托第三方物流企业在最大限度提高质押物流动性的条件下，对质押物进行监管。

三、中国供应链融资中动产质押的法律依据

《中华人民共和国担保法》（简称《担保法》）第 63 条对动产质押的概念作出了解释："本法所称动产质押，是指债务人或者第三人将其动产移交债权人占有，将该动产作为债权的担保。债务人不履行债务时，债权人有权依照本法规定以该动产折价或者以拍卖、变卖该动产的价款优先受偿。"并在第 63 条、第 64 条对质押

合同作出了规定，即质权自质物移交于质权人占有时才生效，质押合同必须以书面形式订立，并且列举了质押合同应当包括的主要内容。中国《担保法》也明确禁止流质，并对质权人的权利、义务和质权的实现、消灭作出了相应规定。

随后出台的《中华人民共和国物权法》（简称《物权法》）进一步规范了动产质押制度，详细规定了质权生效和质权实现的相关条款。对于质权的生效，中国《物权法》更正了《担保法》中将合同的成立与物权变动的效力合二为一的理念，将合同的成立与物权变动的效力区分开，规定质押合同只要不违反法律、法规，一经成立就生效。然而在质押合同生效后，如果出质人不按照约定把质物交付给质权人转移占有的，质权人可以追究出质人的违约责任。因此，质权合同的生效不等于质权的生效，质权的生效是在质押合同生效后，出质人将质押转移给质权人占有时设立的。

对于质权的实现，第219条："债务人履行债务或者出质人提前清偿所担保的债权的，质权人应当返还质押财产。债务人不履行到期债务或者发生当事人约定的实现质权的情形，质权人可以与出质人协议以质押财产折价，也可以就拍卖、变卖质押财产所得的价款优先受偿。质押财产折价或者变卖的，应当参照市场价格。"第220条："质权人不行使的，出质人可以请求人民法院拍卖、变卖质押财产。"这两条规定明确了在实现质权的时候，只能请求公权利救济，质物在折价或者变卖质物的时候应当参照市场价格。

中国《物权法》还突破性地设立了最高额质押制度。同时

《中华人民共和国物权法》第178条规定："担保法与本法的规定不一致的，适用本法。"这条规定表明，《物权法》不是完全替代《担保法》，《担保法》规定的有关动产质权的内容将继续有效，只有当《物权法》与《担保法》的规定不一致时，《物权法》优先适用于《担保法》。上述有关质权的规定都为中国动产质押融资担保的发展奠定了坚实的法律基础。

第三节　应收账款融资的基本法律问题

应收账款融资是指在供应链体系中，上下游企业将其对核心企业的应收账款质押给银行，银行根据应收账款余额及账龄给予应收账款质押企业一定额度的融资。2007年通过的《中华人民共和国物权法》对应收账款作为质押标的进行融资作出了明确的规定。《担保法》第75条第4款也有"依法可以质押的其他权利"的相应规定，从而使应收账款融资在法律上获得依据。与此相适应，人民银行颁布了《质押登记办法》，其征信中心同时推出了相关的质押登记公示系统，这使得应收账款融资成为推动供应链融资业务开展、拓宽中小企业融资渠道、缓解应收账款给企业带来的财务压力的有力武器，也使得中小银行推动差异化经营、开辟新的利润增长点有了新的途径。尽管应收账款融资在国外已经是一种比较成熟的模式，但在中国，由于市场经济尚不发达，信用体系的建设尚不完善，因此，该项业务的开展没有相应的经验和完善的法律依据可以遵循，而《物权法》明确赋予了应收账款融资法律效力，使得对其运作模式的探讨有了法律意义。

应收账款是一种建立在债务企业信用基础上的债权。在供应链体系中，上下游企业可以通过对核心企业的赊销扩大自己的销售量，但由于核心企业往往利用其优势地位拖欠应付账款，使得上下游企业面临更严重的资金短缺，从而影响到其开拓新的业务领域或扩大再生产。在传统实践中，银行一般不接受应收账款作为质押标的进行融资，但在供应链成员间，由于应收账款的债务人是核心企业，而核心企业的财务实力一般比较雄厚，行业优势地位明显，使得上下游企业的应收账款的坏账率大大降低，而相应的法律规定和技术手段为该项融资业务开展的可能性铺平了道路。应收账款属于合同债权，即基于商品或服务合同而产生的债权请求权，以应收账款进行质押，银行应与相对人签订书面质押合同，并明确被担保债权的数额及种类、履行期限、履行方式和担保的范围。应收账款作为债权，按照梁慧星教授的观点，应收账款融资与《物权法》的权利质押制度无关。但作为质押标的的应收账款，显然是一种权利质押，虽然与本票、汇票等权利质押不同，但也是以此债权保证彼债权的实现。《物权法》第228条明确规定："以应收账款出质的，双方当事人应当签订书面质押合同，质权自信贷征信机构办理出质登记时设立。"按此规定，设立应收账款融资应符合以下条件。

一、设立的实质条件

首先，根据《合同法》的有关规定，债权可分为普通债权和专有债权。法律规定不能转让的债权，合同当事人约定不可转让的债权及因合同性质不得转让的债权属于专有债权。有学者认为，不可设质的债权有以下几种：法律禁止转让的债权、因主体变更而导致给付内容根本变更的债权、特定人之间的债权、从权利债权等，其他债权则能够作为质押标的。因此，应收账款融资的标的应在性质上适合出质并具有可转让性。

其次，应收账款融资的标的应是无权利瑕疵的债权。其基本要求是，设立质押的应收账款应有其真实的交易基础，而非双方或单方恶意虚构的债权。同时出让人应该保证无其他第三人对该债权享有请求权，以避免造成质押的无效或者重复质押。

二、设立的形式条件

应收账款融资设立的形式条件即应收账款质押应符合有关法律的要求。对此，中国采用了书面合同加登记的要求，且质权以征信机构办理出质登记后才可生效。此外，由于中国应收账款融资相关法律规定尚不完善，有观点认为其还应该采用通知方式，即质押双方当事人在完成登记的同时还应该通知债务人即核心企业。再者，由于动产质押以交付作为公示方法，既然应收账款质押被赋予物权性质，因此，如果应收账款有相关的权利凭证，为更好地避免信用风险的发生，应由质押人将权利凭证交付给银行。

第四节　中国相关法律制度的局限

在实践中，供应链金融业务的发展已远远超前于法律的制定。融资业务中涉及多种法律关系和法律行为。这些都要求中国法律有明确而具体的界定，但截至目前，中国在这些领域的法律规定或者存在空白，或者不够完善，使商业银行在开展供应链融资动产质押和应收账款融资时面临着一定的法律风险。

一、法律体系不完善

世界银行和国际金融公司联合发布的全球企业经营环境报告显示，中国的法律、法规从整体上看是好的，但在信贷法律法规的建立、健全上中国属于落后国家。在中国，有关信贷的法律法规散见于多部法律、司法解释及相应的行政法规、部门规章中，如《商业银行法》《物权法》《担保法》《企业动产抵押物登记管理办法》等。虽然上述法律法规内容相当广泛，但有关动产担保物权的有关规定并不明确，且不具有良好的操作性。比如依照《担保法》规定，可以抵押的动产仅包括机器、交通运输工具等财产，而原材料、成品、半成品并没有明确是否可以作为担保物。而动产浮动抵押这一概念直到《物权法》颁布才有明确的法律依据。再者，有关的担保登记公示制度并不统一，因抵押的动产不同，合同当事人需要到各自的登记部门办理登记，由于各登记部门、不同地区的同一登记部门没有建立起信息共享平台，部分动产甚至没有相应的登记部门，同一资产多次登记、重复担保的状况时有发生。除此之外，登记手续复杂，手续费过高也影响了动产浮动抵押业务的开展。

二、《物权法》在动产质押制度上的局限

虽然《物权法》对动产质押制度做了较大突破，例如设立了最高额质押，更加详细地规定了质权的实现方式，从法律层面规

定了动产质押中的出质人和质权人的权利与义务，但由于动产质押制度的规定不够全面，在供应链融资动产质押中法律的可操作性和执行力还存在一些不确定性，给动产质押业务带来了一定风险。

一是《物权法》所安排的动产质权的实现途径较为复杂。过分依赖于公权力，当出质人与质权人对质权的实现无法达成一致，质权人只能申请法院实现质权，而无法进行私力救济，这样就导致动产质权的实现成本过高，相应的会增加融资的成本和难度，抑制了动产质权担保功能的发挥，在一定程度上限制了供应链融资动产质押业务的规模化发展。

二是《物权法》忽略了动产质权的流动性。在西方发达国家，担保物权的价值功能已经从保障债权的实现转向提高融资的效率，担保物权也被赋予了更新的功能。而目前中国《物权法》中动产质权的规定还是偏重于实现债权的担保功能，这在某种意义上讲已经不能适应中国供应链金融业务发展的需要。

三、动产抵押与其他抵押权的优先权的顺序存在冲突

动产浮动抵押的设立目的在于保证债权人的债权获得足额保证，银行开展此类融资业务也是基于其安全性和赢利性的平衡进行考虑的。而动产浮动抵押的清偿顺序与其他权利相比是否在先至关重要，它直接关系到银行信贷资产的安全。但纵观中国相关法律法规，对这一问题并没有作出明确的规定，这使得动产浮动抵押的实现存在相当大的不确定性。

首先，与不动产担保贷款及权利质押相比，由于《物权法》排

斥了不动产及权利加入企业整体浮动抵押物的范围，因此，基于担保标的物的不同而排除了三者效力优先权的冲突。不过由于动产浮动抵押实行登记对抗制度，这就可能出现与其他财产抵押的共存和冲突。

其次，在动产浮动抵押与普通债权之间，由于在动产浮动抵押生效后企业可以因日常经营的需要处分其现有的动产，从而使得在整个动产抵押期标的物价值并不确定。所以在银行实现抵押权前，普通债权可以基于其债权主张用已设定浮动抵押的动产抵偿债务。

再次，由于动产浮动抵押实行的是登记对抗模式，在同一企业的同一动产上，有可能出现数个动产浮动抵押权的状况，如果后设立的抵押权先行到期，债权人基于其权利行使抵押权，很可能造成对其他抵押权的不公，若不允许其行使，又违背了设立动产浮动抵押权的初衷。因此，如果银行债权陷入多个动产抵押权同时存在的情况，其信贷资产风险可能很大。同样的风险隐患还会出现在动产浮动抵押权与国家税收优先效力的冲突中。一般说来，国家税收应该后于动产浮动抵押权受偿，但动产浮动抵押在行使抵押权前处于不确定状态，国家税收可能会以企业处于正常的经营期间为借口将企业的优质动产充抵税款，使得银行的抵押权只具有形式上的意义。

四、《破产法》对实现质权的限制

根据中国《破产法》的相关规定，如果出质人是借贷关系中的债务人，在债务人进入破产程序后，债务人欠缴的保险和税款优先于质权人就质物未能完全受偿部分的债权。也就是说，在债务人面临破产的时候，如果债务人出质的质物价值又出现大幅下跌的话，那么质权人就不能就质物现有的价值完全受偿，质权人的债权转为债务人的普通债权，此时质权人将面临巨大的损失。

出质人在破产重整期间，《破产法》为了保护企业能够继续经营，实现扭亏为盈，更好地保护所有债权人的利益，稳定经济秩序，通过条款限制担保物权人和债权人的权利实现。因此在企业重整期间，对于供应链融资动产质押业务中的质权人来说，质权的实现是停止的，这对质权人也造成了一定的潜在风险。

五、《合同法》对所有权保留的规定不够完善

最高人民法院关于贯彻执行《〈中华人民共和国民法通则〉若干问题的意见（试行）》第84条规定："财产已经交付，但当事人约定财产所有权转移附条件的，在所附条件成就时，财产所有权方为转移。"这为将所有权保留的性质视为所有权的附条件转移理论提供了法律依据。《合同法》第134条明文规定了所有权保留制度，完成了所有权保留制度的框架结构。根据上述所引法律条文，可以说中国确立了所有权保留制度，但在所有权保留的主要内容方面，如所有权保留具体的设立条件、所有权保留的公示方式、所有权保留与他物权竞合的处理原则、在所有权保留制度中双方当事人的权利义务等，法律上并无明文规定。因此，在商业活动对所有权保留的物品审查比较困难，也比较容易忽视，很容易造成所有权保留与其他担保物权的竞合。

第五节　完善中国动产质押制度的建议

中国物权法中浮动抵押制度和应收账款质押制度是参考美国等国家法律所制定的。但又受大陆法系本身所有权概念的限制，以及对物权法制定前后动产抵押制度的继受，中国动产抵押和应收账款质押制度又与美国等国家存在着实质性区别。例如，不但流动资产中的库存动产和应收账款债权分别在抵押制度和质押制度的框架下设计，而且动产抵押制度本身也区别固定抵押和浮动抵押。而美国以及参考美国统一商法典改革流动资产担保（Personal Property Security Interest，PPSA）制度的加拿大、新西兰和澳大利亚不但不区别固定抵押和浮动抵押，而且库存动产和应收账款债权也被视为同类性质的担保物，不作区分。[①]

动产抵押和应收账款质押的二元化也造成了登记制度的二元化。尽管在物权法制定过程中，中国人民银行曾多次要求将动产抵押登记也纳入中国人民银行征信中心，但由于物权法制定之前，工商行政管理局一直是动产抵押的登记机关，因此物权法施行后动产抵押的登记机关仍为工商行政管理局，由工商行政管理局制定并公布动产抵押登记办法。而应收账款质押的登记机关为中国人民银行征信中心，由其制定并公布应收账款质押登记办法。中国人民银行在制定应收账款质押登记办法时主要参考了美国统一商法典中的担

---

① G. McCormack, *Credit under English and American Law*, Cambridge University Press, 2004.

保登记制度,而工商行政管理局在制定动产抵押登记时主要还是沿用了此前的企业动产抵押物登记管理办法,因此两种登记制度实际立法模型也是不同的。动产抵押和应收账款质押无法在同一登记系统中完成,当然会增加登记成本,也增加了第三人调查登记的成本,最终造成中国流动资产担保制度的运用成本过大,阻碍流动资产担保制度的建立和普及。因此,建立统一的流动资产担保登记制度对于构建流动资产担保制度是不可或缺的。

至于动产抵押的二元化,如前所述,物权法保留固定抵押制度的主要目的在于限制抵押物的转让从而保护抵押权人的利益,但事实上即使没有固定抵押制度,在浮动抵押制度之下也可通过对"正常经营活动"概念的解释达到限制抵押物转让的目的。对固定抵押和浮动抵押的区分不仅造成理论和实务上对动产抵押制度理解的混乱,也带来制度运行成本的增加。包括加拿大、新西兰和澳大利亚在内的国家均借鉴美国法的经验完成了一元化进程。动产担保的一元化立法可以说已经成为世界趋势。

从形式上来看,美国、加拿大、新西兰和澳大利亚等一元化流动资产担保立法国家不仅不区分动产担保和应收账款担保,也不区分固定担保和浮动担保,且有统一的登记制度。从实质层面来看,它们还具有以下特征:

1. 取得对抗要件时并不似对担保合同(Security Agreement)进行登记,而是对融资声明书(Financing Statement)进行登记。因此,担保权人可在签订担保合同前就登记担保权,确保其优先权。这一制度有助于提高融资担保的效率。

2. 竞合的担保权之间按照登记先后决定优先次序。由于动产担保和应收账款担保是一元化的，因此按照该优先次序规则，竞合担保权之间的优先次序就十分明了，有助于降低融资成本，减少融资风险。

3. 动产担保和应收账款担保的债务人均对担保物享有处分权限，债务人可以在获得融资的同时持续其正常的经营活动。

4. 为了保护担保物处分时的担保权人的利益，设有担保收益制度（proceeds）。根据该制度，只要满足一定要件，在担保物处分之后，担保权即自动在担保权益之上取得对抗要件。担保收益包括担保物处分之后的应收账款、现金以及用现金购入的原材料等。

当然，如果直接将美国的流动资产担保制度引进中国，上述担保收益（proceeds）的概念也需同时引进。而引进一个完全陌生的概念自然会增加实务操作的成本和负担。因此，现阶段的课题并非引进美国法的制度，而是探讨如何改善现有的制度。例如，应收账款质押和保理业务中不仅应办理登记，还需要向第三方债务人发出通知，以取得对第三方债务人的对抗效力。动产抵押登记和应收账款质押登记以及保理登记的统一问题也是现阶段的重要课题。这些都是今后中国构建流动资产担保制度所亟须解决的课题。

本章简要小结

　　长期以来，中国多数的法律制度是以不动产担保为中心，担保主要在《担保法》的框架下进行。2007 年《物权法》对动产担保做出诸多制度安排，如明确动产抵押效力、明确动产抵押登记原则、引入动产浮动抵押以及丰富权利质押内容等，对供应链金融业务的发展具有重大意义，但受困于一些法律"瓶颈"，银行在业务操作中依然面临较大法律风险，限制了该业务的快速发展。中国动产担保物权制度的薄弱性，主要表现在以下几点：第一，动产质押的实用性不强；第二，不允许"未来财产"和"价值量浮动的财产"作为担保物；第三，缺少便捷的担保登记系统；第四，优先规则不明确；第五，执行效率低下。

　　简单说来，物权的界定与登记是担保行为的基础，新《物权法》的出台，为发展供应链金融服务提供了有力的法律保障。但相关制度还存有相当的缺陷，仍然需要较长的时间加以完善。

第四章 中国供应链金融发展的外部环境

供应链金融作为金融领域的一大创新，被欧洲货币杂志评为近年来银行交易业务中最热门的话题。供应链金融通过分析供应链内部的交易结构，运用自偿性贸易融资的信贷模型，并引入核心企业、物流监管公司、资金流导引工具等新的风险控制变量，对供应链的不同节点提供封闭的授信支持及其他结算、理财等综合金融服务。供应链金融的出现，很好地支持了实体经济的发展，特别是一大批依附于核心企业的上下游中小企业。

随着中国经济步入新常态，增速放缓叠加经济结构调整，国内企业尤其是众多的中小民营企业面临的流动性短缺的问题愈发突出。2012年以来发生在江浙一带的民营企业老板"跑路"潮就折射出民营企业的生存现状。宏观层面上，国家一直在鼓励中小企业的发展，出台了不少优惠政策，支持对中小企业的融资。但中小企业可用的抵押物少，经营信息不透明，银行出于风控的考虑，在具体执行时"惜贷"在所难免。在传统信贷资源稀缺的情况下，中小企业往往通过小贷公司，甚至民间高利贷的方式获得资金，承受极高的资金成本。在这种背景下，作为支持中小企业融资的重要创新，供应链金融的发展空间也开始迅速扩大。

第一节　中国经济新常态

改革开放三十多年来，中国经济经历了较长的高速增长时期，GDP 年均增长 9.8%。到 2014 年年末，中国 GDP 为 63.6 万亿元（见图 4.1），已经比较稳定地占据了世界第二大经济体的位置。在这三十余年间，中国人民的生活水平得到了大幅度改善；城市和农村基础设施水平迅速提高；中国制造业和某些高新技术产业的国际竞争力明显增强，尽管世界经济受到 2008 年金融危机的巨大冲击，但中国制造业优势仍然得以保持，2013 年中国成为世界第一大货物出口国，出口占全球出口比例在 2014 年达到 12.2%。当然也必须看到，按照人均水平衡量，中国仍然是一个发展中国家。不仅人均 GDP 远低于发达国家，而且按照人均水平衡量的谷物、能源和水资源等的消耗量远低于发达国家，食品安全、医疗、生态环境等公共品质量同发达国家也有很大差距。与此同时，中国经济长期依赖的资源消耗型粗放增长方式，遇到了越来越大的挑战，能源和原材料的进口依存度迅速提升，部分行业产能严重过剩，劳动力成本提高，土地和环境的产业承载力逼近上限。在转变经济发展方式的同时，要努力保持合意的经济增长速度，促进产业结构升级，让经济发展成果被更广大的人民分享，中国经济正在进入一个新的常态（New Normal）。

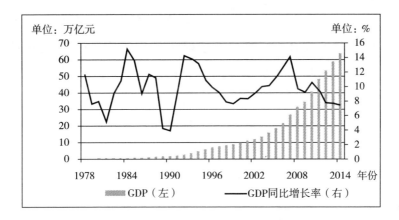

图 4.1　1978—2014 年的中国经济增长

数据来源：中国国家统计局。GDP 按现价计算，同比增长率按不变价计算。

一、中国经济新常态的特征

经济新常态（New Normal）来自美国麦肯锡公司执行董事伊恩·戴维斯（Ian Davis）在 2009 年 3 月出版的《麦肯锡季刊》（McKinsey Quarterly）上发表的一篇评论的标题，用于描述在金融危机之后全球商业环境所发生的深刻变化：去杠杆与更多的政府干预。后来，美国太平洋基金管理公司总裁穆罕默德·埃里安（Mohamed Erian）又将低经济增长和高失业率加入其中，自此经济新常态为国际经济金融界人士所熟知。中国的经济新常态见诸报端，源于 2014 年 5 月习近平总书记在河南考察时提出的这一概念。2014 年 12 月，中共中央召开一年一度的经济工作会议，会议公报系统总结了中国经济新常态的特征。一般认为公报是由熟悉中国经济的政府官员、学者和企业家们共同参与起草的，因此它对于经济新常态的解释具有权威性和代表性。公报从拉动经济增长的消费需求、投资需求和出口需求的结构性变化入手，概要分析了中国经济在生产组织方式、生产要素优势、市场竞争、环境资源约束、潜在风险和宏观调控政策等九方面特征，实际上指出了中国经济在未来一个时期的发展方向和调控政策取向。总体而言，中国经济正在从过去的高速增长阶段向中高速增长阶段转变，从注重总量增长向更加注重增长效率和效益转变，从单纯依靠资源投入的增长模式向以人力资本为核心的创新增长模式转变。

> **2014 年中共中央经济工作会议关于经济新常态特征的内容**
>
> ……会议认为，科学认识当前形势，准确研判未来走势，必须历史地、辩证地认识中国经济发展的阶段性特征，准确把握经济发展新常态。
>
> 从消费需求看，过去中国消费具有明显的模仿型排浪式特征，现在模仿型排浪式消费阶段基本结束，个性化、多样化消费渐成主流，保证产品质量安全、通过创新供给激活需求的重要性显著上升，必须采取正确的消费政策，释放消费潜力，使消费继续在推动经济发展中发挥基础作用。
>
> 从投资需求看，经历了三十多年高强度大规模开发建设后，传统产业相对饱和，但基础设施互联互通和一些新技术、新产品、新业态、新商业模式的投资机会大量涌现，对创新投融资方式提出了新要求，必须善于把握投资方向，消除投资障碍，使投资继续对经济发展发挥关键作用。

从出口和国际收支看，国际金融危机发生前国际市场空间扩张很快，出口成为拉动中国经济快速发展的重要动能，现在全球总需求不振，中国低成本比较优势也发生了转化，同时中国出口竞争优势依然存在，高水平引进来、大规模走出去正在同步发生，必须加紧培育新的比较优势，使出口继续对经济发展发挥支撑作用。

从生产能力和产业组织方式看，过去供给不足是长期困扰我们的一个主要矛盾，现在传统产业供给能力大幅超出需求，产业结构必须优化升级，企业兼并重组、生产相对集中不可避免，新兴产业、服务业、小微企业作用更加凸显，生产小型化、智能化、专业化将成为产业组织新特征。

从生产要素相对优势看，过去劳动力成本低是最大优势，引进技术和管理就能迅速变成生产力，现在人口老龄化日趋发展，农业富余劳动力减少，要素的规模驱动力减弱，经济增长将更多依靠人力资本质量和技术进步，必须让创新成为驱动发展新引擎。

从市场竞争特点看，过去主要是数量扩张和价格竞争，现在正逐步转向质量型、差异化为主的竞争，统一全国市场、提高资源配置效率是经济发展的内生性要求，必须深化改革开放，加快形成统一透明、有序规范的市场环境。

从资源环境约束看，过去能源资源和生态环境空间相对较大，现在环境承载能力已经达到或接近上限，必须顺应人民群众对良好生态环境的期待，推动形成绿色低碳循环发展新方式。

> 从经济风险积累和化解看，伴随着经济增速下调，各类隐性风险逐步显性化，风险总体可控，但化解以高杠杆和泡沫化为主要特征的各类风险将持续一段时间，必须标本兼治、对症下药，建立健全化解各类风险的体制机制。
>
> 从资源配置模式和宏观调控方式看，全面刺激政策的边际效果明显递减，既要全面化解产能过剩，也要通过发挥市场机制作用探索未来产业发展方向，必须全面把握总供求关系新变化，科学进行宏观调控。
>
> ……
>
> ——据新华社 2014 年 12 月 11 日电

经济新常态为中国经济减速提供了注解，它不仅反映了市场供需双方的结构性变化，更表明传统的生产组织形式和生产过程面对资源环境约束、劳动力成本上升、竞争对手技术领先和全球化的严峻挑战。生产者要克服上述困难，需要增加研发投入，积极调整生产组织形式和生产过程，重塑企业核心竞争力。这在一个较长时期内将是一个相对痛苦的过程，在局部时间范围内将表现为经济增长动力减弱，传统产业部门效益下降和经济去杠杆化。同西方国家经济新常态不同的是，中国经济新常态下政府干预不会增加，反而会减少。主要是由于中外经济调控中的政府角色差异，中国的中央政府和地方政府传统上对经济干预过多，目前正在实施"减政放权"改革，将资源配置权力更多地交给市场。此外，前期刺激政策所累积的政府债务尚未完全消化，政府短期内不太可能再出台新的刺激政策。这意味着在新常态下，中国经济调整的主要任务需要由企业部门和居民部门在市场机制的引导下来完成（当然政府在此过程中仍然会扮演重要角色）。

二、经济新常态下的产业结构调整

经济新常态反映了中国经济发展的自然过程，而不仅仅是 2008 年金融危机的影响。这是中国同西方国家的本质区别（当然金融危机背后也有深刻的经济原因）。因此，中国经济新常态的周期可能会长于西方国家的新常态。因此研究中国的产业结构调整，需要从更长的时间段内考察中国现有产业结构的形成过程。

1978 年改革开放以后，三次产业对于中国经济增长的贡献发生了比较明显的变化。第一产业的贡献率从 10.5% 迅速下降至 2014 年的 5.2%；虽然在大部分年份里以工业为主的第二产业对经济增长的贡献都在 50% 以上；然而自 20 世纪 90 年代以来，以服务业为主的第三产业对经济增长的贡献迅速增加，2000 年以后第三产业贡献率已经非常接近第二产业，并先后在 2001 年、2013 年和 2014 年超过第二产业，2014 年二、三产业对经济增长的贡献率分别是 43.1% 和 51.7%（见图 4.2）。在早期的经济增长理论中，如果工业国家的第三产业贡献超越第二产业，通常会认为该国进入后工业化时代。即制造业在国民经济中的重要性下降，高端服务业的贡献提升，而且这一过程不可逆。相当多的新兴市场国家在发展过程中都曾遭遇类似的"后工业化"陷阱（Danniel Bell，1973）。这些国家的制造业在经历了一个高速发展阶段之后，增速会明显下降，与此同时，服务业的重要性不断提高。这一现象看似符合后工业化特征，但实际上这些国家的主要制造业在自主核心技术和工艺等方面并没有真正达到世界一流水平，其竞争优势主要体现在商品价格，而且随着资源和劳动力价格的不断上涨以及本币升值，产品的价格优势也将逐渐消失。因此表面上看，这些国家已经进入后工业化时代，而实际上是其制造业的国际竞争力在下降，导致其对本国经济增长的贡献下降，服务业贡献相对上升。中国三次产业结构的变化正处于"后工业化陷阱"的边缘，是放弃追求制造业优势，继续扩大服务业在经济中的比重；还是促进制造业转型升级，巩固第二产业的支柱性地位？这两类观点曾经在社会各个层面被热烈讨论过。笔者认为，以工业国家的历史经验判断二、三产业在经济中的合意比重的做法，实际上犯了形而上学的错误。在一国经济发展的不同阶段，其资源禀赋优势各有不同，在某些阶段第二产业会强一些，某些阶段第三产业会强一些，但是人为设定产业结构的做法带有浓厚的计划经济色彩，而且在市场经济条件下也很难实现。与其追求合意的产业结构，不如强调各个产业部门的产出效率，如果各部门都能够保持高效率运行，此时的产业结构就是最合理的，至于具体各部门在经济中占有多大比重，则没有那么重要。

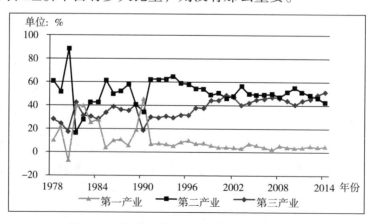

图 4.2　中国三次产业的经济增长贡献率

数据来源：中国国家统计局。

　　客观地讲，2000 年以后，中国开始面临日益严峻的产能过剩问题。钢铁、有色、通信设备、建材、纺织等传统行业，出现了普遍的产能过剩。2008 年国际金融危机后，随着出口需求锐减，产能过剩的现象更加严重。淘汰落后产能，严控传统行业投资增长成为中央政府的一项重要任务。政府对过剩行业的控制，从侧面反映出中国经济尚不能利用市场机制实现产业结构的调整，地方官员不适当的政绩观，国有企业天生的投资饥渴以及房地产业和金融业的推波助澜，使得中国的国有经济保持了强大的投资冲动和资本实力。在传统经济增长方式下，人们通常认为利用成熟技术和廉价劳动力并借助同政府和银行的亲密关系，可以创造超额利润，而有限的订单和过多的同质化生产性投入，恰恰是中国产能过剩的主要原因。可见，疏离企业与政府的亲密关系，纠正银行信贷的产权偏好，是治理中国产能过剩的首要措施。

　　在看到产能过剩问题的同时，还必须看到新技术和新商业模式的出现，为中国新兴产业发展创造了巨大想象空间。互联网和软件技术正在深刻影响着人们的生活和生产组织方式，3D 打印、页岩气开采、基因工程、航天军工以及人工智能、云计算和大数据等领域的重大技术创新，创造了大量新兴产业投资机会。作为全球制造业振兴里程碑的工业 4.0 构想，在德国政府和企业推动下已经产生了广泛的国际影响。它主张利用网络和软件技术改造传统产业，促进产品、服务和生产组织方式的重大变革，通过软硬件高度融合实现不同类型、不同功能产品与服务间的互联互通。不久前工业和信息化部负责人透露，中国政府借鉴工业 4.0 构想，正在编制"中国制造 2025"规划纲要，这是一项跨度达 30 年、旨在推动中国产业升级和做强高端制造业的纲领性规划。在这一规划指引下，中国政府将制定强有力的产业政策，以推动实现规划目标。

三、经济新常态下的供应链管理

在古典经济学理论中，分工被描述为经济增长的源泉（杨小凯，2003）。社会生产日益细化的分工，使得企业和员工得以提升自身业务的熟练程度和专业性，为小型技术创新和重大技术革命准备了条件。在社会分工的基础上，波特（1985）提出了企业价值链概念，他将企业的生活经营活动如生产、销售、物流、人力资源管理、研发和采购等视为若干价值生产环节，每一环节都可以创造价值。当某些环节外包给其他企业时，单一企业价值链就转化为基于供应链的价值生产过程。而企业的业务外包决策是由其内部生产成本与市场交易成本决定的。科斯（Coase，1937）很早就证明了市场交易成本决定企业的业务边界，实际上相当于证明了企业业务外包的必然性与合理性。

中国经济进入新常态以后，企业经营的一般规律仍然会发挥作用。企业会根据市场信号及时调整自身经营决策和业务外包决策。所不同的是，在工业4.0指导下的制造业企业，为了更好地促进传统产品与网络技术和软件技术的融合，需要大幅度改造生产流程和工艺，扩大业务外包规模，增加同外部企业的生产及研发协作。这意味着以大企业为核心的供应链将获得更大发展空间。正如克里斯托弗（Christopher，1992）曾经说的"在竞争日益加速的今天，市场竞争不再是企业层次的竞争能力，而是供应链之间的竞争。"尽管克里斯托弗说这些话的时候，互联网还没有普及，物联网和云计算的概念也没有出现，但是跨国公司在供应链层次上的竞争却早已开始。在经济新常态下，供应链竞争将变得司空见惯，没有哪个企业敢于不计成本地独立完成全部生产和销售过程。而且随着上下游企业产品（服务）的生产和研发联系比以往任何时候都紧密，供应链内企业的群组织特征更加明显。即这些企业虽然未必存在产权联系，但却需要密切协同，共享信息和资源，长期合作。在某些方面，这个企业群甚至可能表现出单一企业的某些特征，比如统一的战略规划和研发规划，信息和技术共享平台，物流和资金流的统筹规划，核心企业更加突出的领导职能，等等。

在新常态下，全球化和技术创新加快，使得多数企业所在市场上出现产品和技术更新速度加快，市场效率提高和竞争压力增大的趋势，此时大企业的供应链管理水平显得至关重要。尽管供应链内企业面临共同利益和挑战，但由于通常不存在产权联系，因此供应链是基于以大企业为核心的产业内协同而存在的。核心企业在产品、技术、生产流程和销售等环节的任何改变，都有可能导致供应链内企业的成本上升和经营风险增加。如果核心企业不愿分担供应链内其他企业由此增加的成本和经营风险，就很可能出现企业退出造成供应链不稳定的情况。因此，核心企业除了需要像以往一样巩固同供应链内企业的协作关系，还需要在资金、技术、人力资源和管理等多方面进行供应链层面上的统筹规划与安排，以保持供应链较强的竞争力。

第二节　中国企业融资结构的变化

随着中国金融体系改革的不断推进，中国企业融资机构也在不断发生变化（见图4.3）。中国资本市场发展较晚，1981年才开始发行国债，1986年才开始发行金融债、企业债，90年代初才开始出现股票融资，因此权益市场是晚于债券市场的，但是作为资本市场重要组成部分的债券市场一直处于滞后状态，而债券市场的内部结构也不平衡，国债占有绝大部分，企业债所占比例较小。在经济发展水平较低的时期，企业以内源融资为主。随着经济的不断发展，银行等专门的金融机构开始向企业提供贷款，而此时的外源融

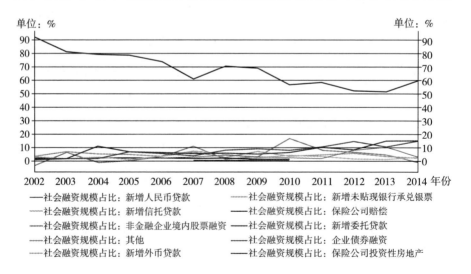

图4.3　中国社会融资结构变化

数据来源：wind资讯。

资以债务融资为主。当市场不断完善时，企业和资金的供给者直接联系起来，获取所需资金，企业债券融资和权益融资逐渐受到企业的重视。建设多层次的资本市场，使得更多的企业能够通过权益融资获得资金。总体而言，中国企业融资结构经历了四个阶段的变化。

直接融资是指企业不经过银行等媒介直接获取资金，主要是指通过上市进行权益融资；间接融资则指企业银行等金融媒介间接获取资金。

第一阶段：计划经济体制下财政主导型的融资结构

由于中国经济体制的特殊形式，从社会主义制度的确立到改革开放之前，一直处于计划经济框架下的高度集权状态，国民经济的发展由政府的计划决定，国家财政主导中国社会资金的调配，属于典型的"大财政、小金融"。在这一阶段，银行等金融机构处于附属的补充性地位，只是执行财政部门计划和资金安排的攻击，一般在财政提供定期贷款之后补充超定额资金。当时的融资方式极其单一，信用融资活动也不发达，虽然这种融资结构是计划经济的需要，但满足不了企业发展的长期需求。

第二阶段：财政主导型向银行主导型融资方式转变

1978 年十一届三中全会之后，中国从计划经济体制逐渐向社会主义市场经济体制过渡，在经济体制不断改革深化的过程中，金融体系也进行了一系列的改革。中国人民银行的垄断地位被打破，分出多家专业银行，信托公司、保险公司、证券公司、金融租赁公司等多种非银行金融机构成立。而 1985 年出台的《关于国家预算内基本建设投资全部由拨款改为贷款的暂行规定》将原先预算由财政拨款改为由银行贷款，财政对企业的投资从此减少，逐步转化为由银行主导，多种融资形式共存的局面。在市场化改革的过程中，企业的留存收益也逐渐增大，企业自身的内源融资增加。

第三阶段：融资方式多样化发展，仍以债务融资为主

1990 年 12 月，上海证券交易所、深圳证券交易所先后成立，标志着中国资本主义市场的诞生，以权益融资为代表的直接融资渠道得以拓展，间接融资和直接融资的多渠道融资形式开始形成，使得市场的融资方式更趋于多元化。但是在这个阶段，中国直接融资市场并不发达，受益于改革步伐的加快，商业银行纷纷组建融资中心，各种融资中介组织也相继成立，银行间同业拆借市场逐步形成。债券市场较为发达，国债发行规模就以往有大幅提升，企业债、公司债的发行审批也较为容易，很多大中型企业开始选择发行短期债券来获取资金。因此，在这一段时期融资方式逐渐多样化，有内源融资也有外源融资，有债务融资也有权益融资，有银行贷款也有发行企业债、公司债，总体上仍是债务融资占据主导地位。

第四阶段：建设多层次资本主义市场，权益融资比例逐渐提高

中国资本市场起步较晚，但是在这不到 30 年的时间里发展迅速，近日股票市场更是异常火爆，2015 年 4 月 20 日，仅沪市单日成交量就突破万亿，创业板、新三板的快速发展加快了全方位、多层次资本市场的建设。相比银行贷款的高门槛、审批慢、贷款利率高而言，若能达到上市条件，大部分企业更倾向于通过权益融资，对于上市企业来说，权益融资获取资金并无偿还要求，而多层次资本主义市场的建设也为无法达到主板上市条件的企业提供了一个权益融资渠道，因此在这个阶段中国企业的权益融资比例逐渐提高。这也是中国区别于国外成熟市场的地方，中国企业更加偏好成本较低的权益融资。但是从现代企业融资理论分析国外成熟市场的经验来看，今后中国企业融资模式的发展方向必将是以内源融资为主，外源融资为辅。内源融资可以提高企业的抗风险能力并降低融资成本，在外源融资中权益融资会逐步降低，上市企业也会更加注重股东利益，加大分红，权益融资和债券融资比例逐步达到相对平衡状态。也会扩大融资范围，既有国内融资又有国际融资，形成多元化的企业融资结构。

第三节　贸易扩大、多样化与供应链的国际化

随着中国加入 WTO，对外开放的程度逐步加快，大型跨国公司加大了对中国的投资，进一步挤占国内市场份额，这将使国内商品和服务市场出现更激烈的竞争，使国内企业面临更加严峻的挑战，企业要不断扩大贸易实现多样化经营，同时也要"走出去"，去拓宽更加广阔的市场。国际化是企业寻求发展的必然趋势，传统的产业间合作扩大到国家间的分工合作，在拓宽市场份额的同时也是为了不断降低成本，提高企业经营效率。这种以全球范围经营活动的扩展和收益的提高为特征的贸易扩大和多样化经营使得供应链也具有国际化的需求。

一、贸易的扩大

2014 年，中国进出口总值 26.43 万亿元人民币，同比增长 2.3%，其中出口 14.39 万亿元，增长 4.9%，进口 12.04 万亿元，下降 0.6%，贸易顺差 2.35 万亿元，扩大 45.9%。按美元计，2014 年中国进出口总值 4.30 万亿美元，同比增长 3.4%，其中出口 2.34 万亿美元，同比增长 6.1%，进口 1.96 万亿美元，同比增长 0.4%，贸易顺差 3824.6 亿美元，同比扩大 47.3%。在剔除 2013 年套利贸易垫高基数因素后，全国进出口同比实际增长 6.1%，出口增长 8.7%，进口增长 3.3%。[①] 2014 年全年进出口运行情况主要有以下特点：

第一，中国保持第一货物贸易大国地位。从全球范围看，2014 年全球贸易预计仅增长 2% 左右。1—11 月美国进出口增长 3%，欧盟和日本分别下降 0.5% 和 2.5%。而中国外贸增速明显高于全球的平均增速，第一货物贸易大国地位进一步巩固。全年中国出口占全球份额达 12.2% 左右，较 2013 年提高 0.5 个百分点。

第二，外贸对经济增长贡献突出。在国内经济下行压力加大的情况下，外贸对经济增长起到了重要的支撑作用。按支出法核算，2014 年前三季度，货物和服务净出口对国内生产总值增长的贡献率达 10.2%，预计全年贡献率将在 10.5% 左右，创 2008 年以来最高水平。

第三，贸易伙伴更趋多元。开拓新兴市场取得新成效，全年中国与发展中国家进出口比重较 2013 年提高 0.4 个百分点，其中，

[①] 数据来源于《2015 年国务院政府工作报告》。

对东盟、印度、俄罗斯、非洲、中东欧国家等进出口增速均快于整体增速。实施自贸区战略效果明显，不含港澳台地区的其他 17 个自贸伙伴在中国出口总额的占比较 2013 年上升 0.6 个百分点。对发达国家市场保持稳定增长，全年对欧盟和美国进出口分别增长 9.9% 和 6.6%。

第四，商品结构继续优化。工业制成品占出口总额的 95.2%，较 2013 年提高 0.1 个百分点，占比连续三年提高。装备制造业成为出口的重要增长点，铁路机车、通信设备出口增速均超过 10%。七大类劳动密集型产品出口 4851 亿美元，增长 5%。生物技术产品、航空航天技术产品、计算机集成制造技术产品等高新技术产品进口增速均在 15% 以上。消费品进口 1524 亿美元，增长 15.3%，占进口总额的 7.8%，较 2013 年提高 1 个百分点。

二、贸易的国际化

改革和开放应该是齐头并进，在对内全面深化改革的同时，也要加强对外的开放，加快构建开放型经济新体制，以开放的主动赢得发展的主动、国际竞争的主动。主要包括推动外贸转型升级、积极有效利用外资、加快实施走出去战略、构建全方位对外开放新格局、统筹多双边和区域开放合作。

第一，推动外贸转型升级。完善出口退税负担机制，增量部分由中央财政全额负担，让地方和企业吃上"定心丸"。清理规范进出口环节收费，建立并公开收费项目清单。实施培育外贸竞争新优势的政策措施，促进加工贸易转型，发展外贸综合服务平台和市场采购贸易，扩大跨境电子商务综合试点，增加服务外包示范城市数量，提高服务贸易比重。实施更加积极的进口政策，扩大先进技术、关键设备、重要零部件等进口。

第二，更加积极有效利用外资。修订外商投资产业指导目录，重点扩大服务业和一般制造业开放，把外商投资限制类条目缩减一半。全面推行普遍备案、有限核准的管理制度，大幅下放鼓励类项目核准权，积极探索准入前国民待遇加负面清单管理模式。修订外商投资相关法律，健全外商投资监管体系，打造稳定公平透明可预期的营商环境。

第三，加快实施走出去战略。鼓励企业参与境外基础设施建设和产能合作，推动铁路、电力、通信、工程机械以及汽车、飞机、电子等中国装备走向世界，促进冶金、建材等产业对外投资。实行以备案制为主的对外投资管理方式。扩大出口信用保险规模，对大型成套设备出口融资应保尽保。拓宽外汇储备运用渠道，健全金融、信息、法律、领事保护服务。注重风险防范，提高海外权益保障能力。让中国企业走得出、走得稳，在国际竞争中强筋健骨、发展壮大。

第四，构建全方位对外开放新格局。推进"丝绸之路经济带"和21世纪"海上丝绸之路"合作建设。加快互联互通、大通关和国际物流大通道建设。构建中巴、孟中印缅等经济走廊。扩大内陆和沿边开放，促进经济技术开发区创新发展，提高边境经济合作区、跨境经济合作区发展水平。积极推动上海、广东、天津、福建自贸试验区建设，在全国推广成熟经验，形成各具特色的改革开放高地。

第五，统筹多双边和区域开放合作。维护多边贸易体制，推动信息技术协定扩围，积极参与环境产品、政府采购等国际谈判。加快实施自贸区战略，尽早签署中韩、中澳自贸协定，加快中日韩自贸区谈判，推动与海湾阿拉伯国家合作委员会（简称海合会）、以色列等自贸区谈判，力争完成中国－东盟自贸区升级谈判和区域全面经济伙伴关系协定谈判，建设亚太自贸区。推进中美、中欧投资协定谈判。中国是负责任、敢担当的国家，我们愿做互利共赢发展理念的践行者、全球经济体系的建设者、经济全球化的推动者。

三、贸易发展与供应链管理

随着贸易的发展，供应链的国际化也成为必然，这也是因为全球经济一体化、国际分工的深化和技术进步带来的综合趋势。

首先，技术进步是供应链国际化的基础。企业的发展都是以利益最大化为目标，国际贸易的快速发展很大程度上是因为比较优势的存在。工业技术的不断发展，使得国际运输成本逐渐降低，高速公路的普及加快了国内企业的分工合作，航天航海技术的提高为国际的大宗货物运输降低了成本、节省了时间；信息技术的飞速发展为企业间的国际合作提供了便利条件，能够更加精确地控制各个环节的成本、时间等因素；产品技术的不断创新也是不断加强国际联合的一个内在需求，要不断地学习创新才能使产品更具有市场竞争力。

其次，供应链国际化是国际分工深化的结果。随着各行各业竞争的不断加剧，企业更需要专注发展自身的核心竞争力，也需要不断扩大企业间贸易，通过行业间的分工来进行上下游的垂直整合和行业内的突破产品界线的水平整合，也有外包、转包等形式，通过不同企业间的联合和分工来实现效率最大化。通过全球范围内资源整合，使得许多产品的制造越来越模糊国界的概念，国际分工的加深加快了供应链的国际化。

最后，供应链国际化是全球经济一体化的产物。在全球经济一体化的环境下，企业要参与世界经济范围内的经营和竞争，就必须在全球范围内寻找生存和发展的机会。这迫使企业贸易的扩大，进行多样化经营和国际化战略，在更广阔的空间参与国际经济竞争，去寻求新的生存发展空间，获取稀缺资源和市场份额。而企业主要通过国际贸易进行国际化经营，并逐步与其他国家的企业建立和进行交易。企业之间不再是独立的个体，长久的贸易往来会形成一个互惠互利的供应链，中国很多传统企业也在一步步迈向国际化，海尔、联想、华为等民族企业都在国际市场上获得不错的发展，企业贸易的扩大也必然导致供应链的国际化。

四、供应链国际化的发展历程

供应链的国际化发展先后经历了主营进出口业务的国际贸易阶段、实现国外的本地经营阶段、供应链国际化阶段。供应链国际化的第一个阶段是主营进出口业务。企业主要从事国内贸易，把国外贸易作为一个辅助支撑。此时选择国际贸易的主要原因是为了节约成本而从国外进口原材料或者为了提高利润向国外出口产品。在第二个阶段，主要是企业在国外独立运营。一般都是通过在国外设置子公司的模式，子公司会逐渐按照当地的商业惯例来经营管理。在营销、销售、生产和物流的各个环节都直接与国外的上下游企业合作。国外运作可能会增强对当地市场的市场敏感性，及时应对市场变化。在第三个阶段，真正达到供应链的国际化阶段。此时的企业开始全球生产、采购、运营。以总部组织来协调区域作业，突破了国家限制。这种全球性的经营自然需要国际化生产和物流运作来支持。在产品采购和销售上，可以在世界范围内的市场做选择，充分利用全球资源，降低成本、提高利润。

五、供应链国际化的特征

供应链国际化是新型的管理理念，具有全球市场、合作竞争、以信息技术为支撑的特点。

第一，利用全球范围内的消费者，以消费者满意为核心，来推进供应链的运作。经济全球化，打开了世界市场，消费者市场从国内扩展到国外，无论是世界哪个地区的消费者，都有自己的需求，是消费的潜在力量。广阔的市场带来了前所未有的发展机遇，把握新的全球化消费者，将有效提高竞争力。在卖方市场条件下，公司的成本和效率可能会更侧重于消费者的服务满意度。而如今处于买方市场，企业竞争越发激烈，仅仅追求公司的利益和降低成本很难取胜。供应链的国际化能更好把握当今买方市场的特性，以消费者服务为核心，以消费者满意度作为自己的绩效标准，通过细分全球市场，分区域、有针对性地提供服务，达到降低成本，提高效率，保证服务满意度的效果。

第二，供应链国际化站在全球市场的角度上管理企业，是一种合作竞争的新型关系。供应链强调各个环节的协调和各个企业之间资源配置的效率，同时又相互竞争，竞争中存在合作，最后能达到彼此互利。抛开市场，单个经营的企业，或者恶性竞争的企业，最终只会在市场上消亡。而供应链国际化的合作理念就是把整个供应链看成是一个系统，每一个成员都是系统的一分子，组成动态跨国联盟，相互合作，共同挖掘市场，降低成本，来追求整个系统的效益最大化。

第三，现代网络信息技术为供应链国际化提供了便利的工具。供应链国际化是在现代网络信息技术的快速发展和跨国联盟思想的发展下产生的。其运行的技术基础是高度集成的网络信息系统，ERP 是广泛使用的信息技术平台，综合应用了多项网络信息产业的新成果，集企业管理理念、业务流程、基础数据、企业资源、计算机软硬件于一体，通过信息流、物流、资金流的管理，把供应链上所有企业的制造场所、营销系统、财务系统紧密地结合在一起，以实现全球范围内多工厂、多地点的跨国经营运作。通过按照消费者的需求制造，可以提升消费满意度。

第四节　供应链管理信息化

在实践中，供应链金融的发展在很大程度上受制于企业信息化、供应链管理信息化和供应链生态圈信息化等物质基础的不具备，以及相关技术条件的不成熟，从而影响了企业高层和相关协作方对供应链管理的推进决心和行动。

企业信息化是构成供应链信息化的前提。已有研究表明，企业的信息化水平（IT）与它的供应链和组织绩效有着密不可分的关系，尤其是借助于信息技术实现对内部流程的整合与对上下游的集成，可以提高企业的运营效率和灵活性，降低成本，提升产品质量。当然，绩效的提升程度取决于包括企业的 IT 基础设施、交易对手资源、组织架构及外部竞争和宏观环境等在内的一系列因素。

供应链的信息化从包含的层次来看，不仅包括对基础技术的应用，例如，基础网络架构、条码、RFID 及 GPS 等技术，同时也涵盖了运用于链接和整合企业内部、上下游、第三方流程，帮助企业管理者作出适时决策的系统和工具，例如，ERP 系统、B2B 业务集成（协同）应用、BI 系统等。

供应链信息化水平的提升一方面需要企业持续的专项资金投入，用于购买或改进软硬件设施，培养员工的 IT 技能；另一方面也需要企业所在供应链上下游之间的配合和信任，建立利益与风险共担的机制。国家层面上也可以出台政策，鼓励和支持供应链信息化相关的技术与设备的研发活动，投入打造公共信息交流平台，面向全社会企业服务，以避免各企业、各区域的重复建设和资源浪费。同时，加强供应链协同管理机制的建设，从战略高度制定供应链协同管理成熟度模型，规范和统一供应链信息标准体系。

2013 年，平安银行与中国社科院工业经济研究所联合对不同产业的供应链管理现状进行了调查，从供应链信息化（企业信息化）和供应链生态圈信息化两个层次展开，通过企业的系统平台使用、上下游对接、外围系统对接、第三方平台使用、1T 的组织与运营等方面来了解供应链信息化水平。接下来，我们拟对其调研成果做一简单的介绍。

一、供应链信息化

（一）企业内系统平台

总体来看，企业的信息化水平仍有很大的提升空间。调查发现，只有不到一半的企业拥有完整的 ERP/核心业务系统支持企业内部的供应链流程。企业系统对库存数据变动、运输过程中数据监控的功能较弱，尤其是中小企业。

从调查结果看，中国企业供应链的信息化程度处于中等水平，多数受访企业的系统可覆盖供应链的基本环节或部分重要环节；一成受访企业的系统可覆盖每个环节。大型企业的供应链信息化程度较中小型企业高。

未来供应链的发展应该更加先进、互联、智能化，离不开先进设备与技术的应用，如采用各种仪器设备采集以前需要人工收集的信息，包括 GPS、RFID、应用各种传感器等物联网技术等。平安银行调查发现，物联网技术的应用还远未普及，仅有约 25%的受访企业使用了某种形式的物联网新技术。其中，GPS 定位跟踪的应用最为广泛，其次为传感器、RFID 及移动定位跟踪技术。3G 视频技术应用相对较少。大型企业对物联网的应用程度较中小企业略高。

使用 ERP 系统的企业中，其产品的主要提供者为 SAP 或国内自主开发的，Oracle 的 ERP 产品居次。同时，调查显示，有九成多的企业近期没有引入 ERP 系统的计划。在有计划引入 ERP 系统的受访企业中，企业所考虑的 ERP 服务商的前两位分别是金蝶和 SAP。

数据分析和挖掘方面，绝大多数企业（74%）缺乏商业智能类（BI）的系统支持，不能对采集到的数据进行有效的加工和解读。零售和医药行业对 BI 系统的应用相对较其他行业广泛。在有 BI 系统的企业中，SAPBO 是主流产品，其次为 Cognos 和 Hyperion。大型企业使用 BI 系统比中小企业多，使用 SAPBO 的比中小企业更为普遍。

在电商平台建设方面，多数企业（67%）没有自建电子商务平台。中小企业相对大型企业自建电商平台的比例低。企业自建电商平台主要是为了产品展示和营销，其次为在线销售。

（二）上下游对接

ERP 的出现是为了取代散落在企业各部门的旧有系统，从而以一个统一的系统去支持企业的内部业务流程。但企业的 ERP 系统鲜有考虑如何去链接供应链的上下游和支撑多企业间的业务协同。我们调查也发现，多数有 ERP 系统或其他核心业务系统的企业，仍然依赖于人工和半自动的方式与上下游进行数据交互，而通过系统接口方式的企业很少。

上下游之间传输数据的主要方式是通过电子邮件和纸质文件，而通过系统接口方式的仅占 25% 左右。大型企业采用系统接口方式的比例较中小企业略高 6%。通过电子邮件和纸质文件的方式一定程度上影响了上下游之间的协同能力和效率。

企业与合作伙伴的系统集成和数据交互主要遵循 EDIFACT 和 X.12 标准，其次是 RossettaNet。当然，也有企业之间会使用自定义的业务标准完成数据交互。从行业层面看，X.12 在机械、化工、煤炭和汽车行业使用最为普遍。

（三）企业 IT 组织与运营

调查发现，多数受访企业的 IT 部门人数占企业总人数的比例在 5% 以下。大型企业的 IT 部门人员的占比更低。电子和零售行业的 IT 人员占比相对其他行业较高。同时，在个人计算机配置方面，绝大多数企业的管理人员基本上人手一台计算机，而普通员工多数人手一台或与别人共用一台电脑，当然也有两成多的普通员工没有配备电脑。中小企业的员工电脑配置程度较大型企业高。行业层面上，汽车、医药和机械行业的员工电脑配置程度较高。

超过半数的受访企业自己做过或请咨询公司做过 IT 战略或系统规划。同时，也有近三成的企业没有做过，但是正在考虑做这方面的规划。大型企业请外脑咨询公司做的较多，而中小企业通过企业内部自身力量做的较多。多数企业的 IT 预算占企业总收入的比例在 5% 以下，大型企业的占比较中小企业低。电子和零售行业的 IT 投入预算占比较其他行业高。

二、供应链生态圈信息化

供应链信息化是达成供应链多方协同与可视，提升供应链运作效率、降低供应链风险和成本的有效工具和手段。供应链的信息化，如同在企业和客户之间修建了一条高速公路，企业和上下游可以通过它高效地将自己的产品与服务送达给客户。与此同时，供应链信息化在实现企业自身及其上下游的信息化的同时，也需要关注整个供应链生态圈的信息化。企业的日常生产经营不是一个孤岛，不仅需要与企业内部及其上下游分工协作和信息共享，同时也需要来自供应链生态圈中各参与方，包括银行、物流服务商、政府机构、第三方平台等之内的相关主体的支持，以满足企业及其链条上下游对金融、物流、政务、商务等服务的需求。外围相关实体的信息化，同时实现与企业经营系统的对接，将会极大地提升供应链的运作效率，降低供应链的运作成本。否则任何一个节点的割裂和信息化水平的滞后，都将影响供应链的整体表现。

近年来，供应链生态圈中的相关实体在国家政策的推动下，从客户切身需求出发，在信息化建设方面都取得了长足发展。银行的金融服务在朝着电子化、网络化的方向推演，第三方物流服务商的信息化水平在日益提高，各级政府部门也正在推进电子政务建设，努力提高政府服务效率。但如何实现各个系统之间的对接，使得流程更好地衔接，信息更好地流转将会是很大的挑战。我们调查发现，企业与银行、政府等平台对接的比例还是很低。究其原因，这其中牵涉技术、标准、意识等问题，同时也与各方的合作意愿和利益博弈等密切相关。这一背景下，企业借助于第三方平台和系统，实现与外围各方的互联互通，不失为明智之举，即可解决企业单对单互接的不经济问题，上述提到的多数难题也可迎刃而解。平安银行早在2008年率先业内推出的线上供应链金融平台，以银行的金融服务为切入点，至今链接或在线服务了150多家核心企业以及3000多家配套企业，并实现了与中远物流和中铁物流等第三方物流公司的对接，在供应链生态圈信息化方面积极探索，并取得了显著的经济效益和社会效益。

一是银行系统。大部分企业的系统与银行没有进行对接。在有对接的企业中，主要与银行完成支付、结算、查询及存款等功能。大型企业较中小企业对接的比例高。同时，大型企业与银行对接，首要完成的功能是结算，其次是支付；这与中小企业对接所完成功能的优先顺序相反。在对银行系统的期望方面，企业将安全性摆在首位；其次是操作便利性和功能完整性。同时，企业对信息提示、定制化服务、信息整合等服务也有一定需求。

二是电子政务系统。企业在日常生产经营过程中需要办理电子政务相关业务。调查发现，税务和工商是多数企业均要办理的电子政务业务，其次分别为海关、国检（检验检疫）、外管局、外经贸及电子口岸等。在办理海关业务使用到的主要系统为电子报关 QP 系统，其次为Web 报关预录入和银行电子关税支付系统。企业在办理国检（检验检疫）等相关业务时，主要使用到的是九城单证系统，其次为卫生处理申报系统和榕基系统。大型企业使用银行电子关税支付系统和榕基系统的比例分别较 Web 报关预录入和卫生处理申报系统高。在办理税务相关业务时，主要使用的是网上报税系统，其次是龙图退税申报系统。除上述系统之外，企业也会使用下列系统，如工商年检系统，其次依次为中国电子口岸申报系统、外汇管理局核销系统和外经贸局申报系统。多数企业内部系统没有与电子政务系统进行对接。大型企业与电子政务系统的对接程度相比中小企业略高。

三是第三方平台。大多数企业没有使用第三方交易平台的服务。在有使用第三方交易平台服务的企业中，多数企业主要使用支付和交易服务。大型企业使用第三方交易平台服务的比例较中小企业高。

本章简要小结

随着中国贸易规模的不断扩大，专业性分工的深化，企业对供应链管理提出了越来越迫切的要求。而与之相适应，对供应链金融业务的需求也开始不断增长。从平安银行的调查可以看到，中国开展供应链金融的实体环境已日益成熟：以大型企业为核心的供应链上下游社区规模大，建立了一定的准入与退出门槛，并且合作稳定，因此发展前景广阔。调查数据显示，上游供应商数量超过100家的企业占到了受访大型企业的1/3，同时有40%的大型企业的下游直销客户或经销商数量超过100家。这说明，以大型企业为切入点营销供应链的上下游，可达到事半功倍的效果。另外，多数企业对上游供应商都有明确的准入与淘汰机制。没有设置供应商准入和淘汰门槛的企业只占被访企业的一成左右。同时，超过半数的企业会对供应商进行定期或不定期的考察，检视他们的财务状况和生产品质。另外，将近五成的企业对下游企业客户和经销商设置了类似的准入与退出门槛。除潜在的市场需求外，企业、银行以及公共信息平台的不断升级和完善，也为供应链金融业务的开展创造了良好的信息环境，为银行在相关领域的业务拓展和风险控制提供了极大的便利。

第五章　中国供应链金融的发展

近年来，供应链金融在中国呈现快速发展势头，其发展具有特定的时代背景。从宏观来看，小微企业融资难为供应链金融的发展提供了广阔的市场空间。中国近三十年经历了一个经济快速发展时期，在这一过程中，中小企业的作用慢慢凸显出来。它们带来了50%以上的 GDP 收入，解决了大部分就业人口，在国家发展和社会稳定方面发挥了巨大作用。经济发展的同时也增加了中小企业融资的诉求。但由于中小企业的流动资产较多、固定资产较少，且风险控制的手段落后导致的逆向选择与道德风险问题让银行对它们十分惜贷，在现代企业模式由劳动密集型向资本密集型转变时，它们融资难、融资贵的问题成了发展的关键问题。

第一节　中国供应链金融的发展背景

从制度层面看，一系列法律的出台为供应链金融业务的发展奠定了法律基础。过去信贷重固定资产、轻流动资产的问题明显，虽然降低了风险但也把很多中小企业拒之门外，阻碍了经济的良好运转。2007 年之前的《担保法》《商业银行管理法》《企业动产登记物管理办法》虽然有对供应链金融的司法解释，但不连贯且很多描述比较模糊。而 2007 年后《物权法》对于供应链金融有了更详尽的司法解释，在担保物、动产抵押登记等方面完善了相关规定，这为供应链金融的发展创造了制度土壤。企业方面，2010 年后，中央继续颁布一系列鼓励金融创新的指导意见，在国内建立多个金融创新试点地区，并在"十二五"规划中明确提出全面推动金融改革、开放和发展，构建组织多元、服务高效、监管审慎、风险可控的金融体系，不断增强金融市场功能，更好地为加快转变经济发展方式服务。紧接着在 2012 年《关于改善金融服务支持实体经济发展的若干意见》中明确指出推动小微企业信贷业务和服务创新，不断探索适合小微企业融资特点的信贷产品和担保抵押方式，争取在应收账款质押贷款、知识产权抵押贷款、租金收入质押贷款、高新技术企业股权质押贷款、小额循环贷款和无抵押贷款等方面取得新突破。

　　从技术层面看，金融技术的创新与电子技术的进步为供应链融资带来了可能。在信息化时代信息决定成败，银行可以通过电子化、移动化的工具来监控企业的风险，可以利用丰富多样的金融工具让过去难以控制的个体风险转移到可控的行业链风险，为利益不同的上下游企业设计不同的融资工具来满足个性化需求。同时企业也可以用电子化、移动化的工具来为银行提供自己的信用状况。风控已经从过去简单的抵押、质押静态监管到了实时信息流动动态监管的新时期。而过去简单以财务报表、现金流论好坏的融资模式，必然要被高一层次的供应链金融所替代。

中国银行业中最早推出供应链融资服务的是平安银行（原深圳发展银行），于1999年便开展了规模化经营供应链融资业务。在其他银行中，光大银行天津分行最先提出了物流银行的概念并应用到供应链融资中。中国建设银行天津分行最先倡导要与银行中间业务相结合，提高供应链融资的效率，使银行和企业都能得到发展的动力。在不同行业、不同区域中，各家银行相继推出了多种业务品种。建设、中信和光大等三家银行分别在2000年前后，针对汽车行业的供应链融资开展了范围覆盖全国的"全程通"业务以及工程机械按揭业务。光大银行针对有色金属行业实行的"金色链"有色金属结构性贸易融资业务，针对石油化工行业的采购业务，推出"石化行业金色链"产品授信业务。此外，中国银行也在2006年与苏格兰皇家银行就供应链金融业务签订了合作协议，合作协议包括了资金的需求额、供应商的海关准入机制、融资模式和融资平台的建立等具体业务内容；随后中国工商银行与世界最大的零售商企业沃尔玛公司签订合作协议，通过利用沃尔玛公司在全球各国的知名度，为其供货商提供包括原材料采购、产品生产到销售各个过程的融资支持。截至目前，国内主要银行都开发出具有自身特色的供应链金融产品和业务模式，供应链金融市场进入全面发展时期。

第二节　商业银行供应链金融产品和模式

一、主要商业银行的产品现状

现阶段，中国主要商业银行供应链金融产品和业务模式如表 5.1 所示。

表 5.1　主要银行供应链金融产品

银行	主要产品
工商银行	国内信用证、信用证项下打包贷款、信用证项下卖方融资、信用证项下买方融资、国内保理、国内发票融资、商品融资 7 大类产品
建设银行	金银仓融资、应收账款融资、国内保理、法人账户透支、动产质押融资、订单融资、电子商务融资（e 贷通）、仓单融资、保兑仓融资、保单融资 10 大类产品
农业银行	存货融资业务、国内发票融资业务、商业汇票代理贴现、法人账户透支、国内保理、非标准仓单质押信贷业务、回购担保融资 7 大类产品
中国银行	预付/应付类（包括订单融资、销易达等）、货押类（融货达）、应收账款类（包括融易达、融信达、国内商业发票贴现、出口商业发票贴现、国内综合保理、出口双保理、进口双保理、通易达等）3 大类 10 多种产品
交通银行	预付款融资等 5 类产业链金融服务产品（包括预付款融资、商品融资、应收账款融资、票据及信用证融资、订单融资等）和汽车供应链金融服务方案

续表

银行	主要产品
民生银行	资产管理、风险参与、境内外联动、结构性短期 4 大类贸易融资产品
平安银行	国内贸易（包括先票/款后货标准授信、先票/款后货担保提货授信、国内信用证、标准仓单质押融资、非标准仓单质押融资、动产抵质押授信、国内保理、信用险项下国内保理、融资租赁保理、国内保理应收账款池融资、反向保理、机器设备融资、经销商分期销售融资业务等）、国际贸易（包括打包贷款、出口信用证押汇、福费廷以单换票、出口托收押汇、出口 T/T 押汇、出口保理、出口信用保险融资、出口代付等出口贸易融资产品，以及减免保证金开证、提货担保、进口代付、进口信用证押汇、进口 T/T 押汇、减免保证金对外开立保函/备用信用证等进口贸易融资产品）、离岸金融（离岸贴现、离岸福费廷转卖、离岸福费廷、离岸代付、离岸无不符点出口押汇、出口双保理离在岸联动模式）等几十种产品

资料来源：根据各家银行网站公布信息整理。

从表 5.1 可以看到，中国主要商业银行在供应链金融产品和业务模式方面具有以下几个特点：一是已经形成了较为丰富的产品体系，涵盖国内贸易和国际贸易的主要环节。二是不同银行在供应链产品和业务模式开发上表现出一定的差异性。部分银行在供应链金融产品和业务创新方面表现较好，例如平安银行、民生银行等在针对供应链主要环节均设计了具有针对性的产品。三是部分银行在产品设计中尝试提供综合化金融服务方案，如交通银行的汽车供应链金融服务方案等。

二、银行供应链金融的主要模式

尽管不同银行供应链金融产品形态各异，但其实质上大致可以归纳为存货类、应收账款类和预付款类三种基本模式。

（一）存货类融资模式

这种模式下，商业银行根据存货的价格稳定性及流动性来以其作为抵押贷款给企业。存货融资中存货的选择十分重要，参考依据主要是违约后变现的便利性和变现的成本。因此，可抵质押的存货应当具备以下四个条件：货权清晰、价格稳定、流动性强、易于保存。实际操作中，银行可以根据企业经营活动的特殊性对上述条件进行灵活把握。比如若存货周转速度很快，那么其价格的稳定性可以适当放松。存货类融资模式如图5.1所示。

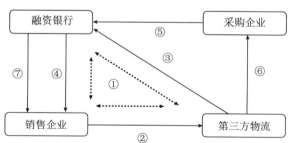

图5.1　存货类融资模式

从图5.1可以看到，存货类融资模式基本流程可以分为以下七个步骤：①银行与销售企业和物流企业签订三方协议，规定销售企业将货物权利过渡给银行，由第三方物流对货物进行保管；②销售企业把将要销售的货物交由指定的第三方物流保管；③物流公司检验并保管货物，保证银行对货物的权利；④银行取得货物所有权后向销售企业发放贷款；⑤采购企业将货款付到银行指定账户；⑥银行收到货款后向物流公司发出放货指令；⑦银行收到的货款优先偿还贷款，超出部分划给销售企业。

按照抵押的存货是否允许以货易货，存货类融资模式可以分为静态抵、质押授信和动态抵、质押授信。所谓静态抵、质押授信是动产及货权抵、质押授信业务最基础的产品，又称为"特定化库存模式"。在这种模式下，银行委托第三方物流公司对客户提供的抵、质押的商品实行监管，抵、质押物不允许以货易货，客户必须打款赎货。动态抵、质押授信是静态抵、质押授信的延伸，又称为"核定库存模式"。在这种模式下，银行对于客户抵、质押的商品价值设定最低限额，允许在限额以上的库存出库，客户可以以货易货。

（二）应收账款类融资模式

银行以未到期的应收账款为质押来贷款的模式，称为应收账款融资模式。应收账款融资模式最常使用的是应收账款质押融资，即质押品为应收账款债权的融资方式。融通资金后，如借方到期后无力或拒绝付款，贷方有权作为应收账款债权人要求偿还资金。供应链金融中的应收账款融资模式，主要是指以中小企业对供应链上核心大企业的应收账款单据凭证作为质押担保物，向商业银行申请期限不超过应收账款的短期贷款，由银行向处于供应链上游的中小企业提供融资的方式。整个过程中，中小企业作为债权企业，核心企业作为债务企业，再加上商业银行等金融机构参与其中，核心企业主要承担反担保的角色。当债权企业出现无法或拒绝还款的问题，债务企业就要承担相应的偿还资金的责任。应收账款类融资模式如图5.2所示。

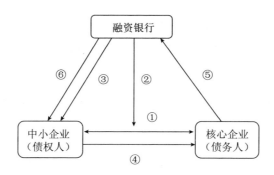

图 5.2　应收账款类融资模式

从图 5.2 可以看到，应收账款类融资模式基本流程如下：①中小企业与核心企业签订销售合同，核心企业要求先发货后付款；②融资银行对销售合同中的销售款回笼方式进行设定，并要求核心企业进行反担保；③融资银行向中小企业提供期限不超过应收账款账龄的贷款；④中小企业向核心企业发货；⑤核心企业收货后将货款付至银行监管的特定账户；⑥银行自动从指定账户划款偿还贷款，并将剩余的款项释放给中小企业。

实际操作中，应收账款类融资模式具体可以分为以下几种模式：①应收账款质押模式：银行根据客户申请，将授信申请人采用赊销方式进行商品交易所形成的应收账款债权质押给银行，银行按应收账款一定比例内向授信申请人提供的融资授信业务。这种模式适于用国内贸易中以赊销方式销售商品或提供服务的企业，账期一般不超过 1 年。②应收账款池质押模式：银行根据客户申请，将授信申请人采用赊销方式所形成全部或者部分应收账款打包质押给银行，银行根据质押应收账款的流量给予申请人的融资授信业务。③订单融资模式：银行根据客户申请，在授信申请人与下游买方签订贸易合同（订单）后，即针对申请人订单项下的原材料采购、加工、生产等生产经营性开支进行融资，并以订单完成后的销售回笼款项为主要还款来源进行融资授信。④收货收据融资模式：银行根据客户申请，在授信申请人向下游买方完成交货并取得下游买方提供的收货收据后，以下游买方收货收据依据，向申请人提供的以收货收据项下应收账款为主要还款来源的融资授信业务。⑤发票融资模式：银行根据客户申请，在授信申请人完成贸易合同规定向下游买方交货义务，向银行提交对应增值税发票及其他相关单据后，以发票项下应收账款回款作为主要还款来源的融资授信业务。⑥商票贴现模式：银行根据产业链下游买方向卖方开出的商票进行贴现，在汇票到期之日前，为取得资金而将票据权利转让给银行的融资业务。⑦应收账款买断模式：银行根据客户申请，将授信申请人采用赊销方式进行商品交易所形成的应收账款债转让给银行，银行向其提供包括融资、应收账款管理、应收账款催收等综合性的融资授信业务。⑧国内保理：国内保理业务是银行受让卖方国内贸易赊销所形成的应收账款，为其提供应收账款分户账管理、应收账款融资、应收账款催收以及承担买方信用风险等一系列综合性金融服务。按照是否将债权转让事宜通知买方，分为国内明保理业务和国内暗保理业务；按照是否向卖方提供融资分为融资型保理和非融资型保理；融资型保理按照是否保留对卖方追索权，分为有追索权的国内保理和无追索权的国内保理。适用于以赊销方式销售商品或提供服务的企业，账期一般不超过 1 年。

（三）预付款类融资模式

预付款类融资是指国内贸易项下购销双方在贸易合同中约定购货方（借款人）以预付款的方式进行结算，融资银行在购货方落实预付款项下商品或产成品的下游买家后，按预付款的一定比例为其提供的用于采购预付款项下商品的短期融资。该模式如图 5.3 所示。

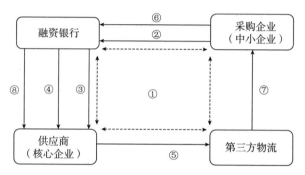

图 5.3 预付款类融资模式

预付款类融资模式基本流程如下：①供应链核心企业作为销售方与中小企业签订协议，并与银行、第三方物流签订四方协议规定款项往来需通过银行指定账户，并将相关货权让渡给银行；②中小企业以支付给核心企业的预付款项下的货物向银行质押；③银行检验中小企业预付款项下的质押；④银行根据中小企业采购需求发放一定货款；⑤核心企业将货物存放在指定的第三方物流公司进行保管，物流企业确认银行拥有货权；⑥中小企业销售货物后，将货款存到银行指定账户；⑦银行确认收到货款后向第三方物流发出放货指令，物流公司向中小企业发货；⑧银行将收到的货款优先偿还贷款，多余的划给核心企业。

实际操作中，预付款类融资模式具体有以下几种模式：①差额回购模式：银行根据客户申请，为授信申请人向上游供货商采购支付货款，供货商按照银行指令进行发货，在融资到期日，上游供应商对所收到货款与实际发货金额之间的差额向银行予以退款的业务。②阶段性回购/保证发货模式：银行根据客户申请，为授信申请人向上游供货商采购支付货款，供货商按照银行指令进行发货，将货物发送至指定地点，由银行认可的仓储企业对货物进行质押监管的融资授信业务。③调剂销售模式：银行根据客户申请，为授信人向上游供货商采购支付货款，供货商按照民生银行指令进行发货，授信到期前，申请人未能完成货物销售，供货商负责将未销售货物调剂销售给其他人，销售款项用于偿还贷款的融资授信业务。④厂商担保模式：银行根据客户申请，为授信申请人向上游供货商采购支付货款，由上游供货商为授信申请人在银行授信承担连带责任担保的融资授信业务。

三、不同供应链金融模式的风险特征

（一）存货类融资模式的风险特征

存货类融资模式中的风险主要源于质押物的价值，仓储监管公司能否履行其职责，融资企业的财务、经营状况等。从存货货权方面看，存货类融资业务依靠的是存货为质押物这一基础而开展的，银行是依靠对货物的控制来保证贷款的偿还，以此来规避企业违约的风险。如果存货货权不明确，那么在之后融资企业无法按时偿还贷款进行货物处置时，就会给银行带来很大的不确定性，因此在授信前保证存货货权的真实性是至关重要的。因此要选择变现能力较强的存货作为质押物。而银行要委托物流企业对货物进行仓储、监管，那么最好是选择易于储存的存货作为质押物，易挥发、变质的货物不仅会加大了储存的难度，增加了储存的成本，而且还会影响货物最终的价值。另外，在仓单质押下还要考虑仓单风险。仓单是质押贷款和提货的凭证，虽然在合同法中对于仓单中的必须要记载的内容有所规定，但是在实际中企业使用的仓单仍然是以自行设计的为主，这就存在了仓单形式不统一问题，这就增加了对仓单作为质押物选择与控制的难度，再加上法律上的一些模棱两可的说法，使得仓单的法律效力可能难以实现。

（二）应收账款类融资模式的风险特征

应收账款类融资模式中的风险主要源于欺诈行为、应收账款自身质量的恶化或金额的下降以及买方客户的资信水平。主要风险包括以下几点：①核心企业的信用风险。应收账款模式下最大的还款来源就是企业的应收账款，而应收账款能否及时、足额地收回最主要还是在于核心企业的回款能力，所以对核心企业的考察成为这种模式最重要的一环，对其质量要求也比较高。②欺诈风险。包括两个方面：一是银行内部出现道德风险，与企业勾结来伪造交易事实，没有真实交易；二是企业外部对交易记录、财务报表造假，让银行没法掌握真实资料，可能对企业做出错误的授信。

（三）预付款类融资模式的风险特征

预付款类融资模式中的风险主要源于物流企业、融资企业资信、上游供应商（核心企业）以及质押物风险。具体包括：①核心企业的信用风险。企业尤其是下游企业为了提货，往往需要对强势的上游企业预先支付一部分货款，而关键在于上游企业能否准时发货，如果不能发货或延时发货就会影响到银行的资金回流。②物流企业的信用风险。物流企业在预付模式中起到了监管的作用，它负责对质押物进行监管。物流企业存在道德风险的可能，可能会和企业串通来骗取银行贷款。银行在选择时要考虑物流企业的资信水平，管理能力，能否保证质押物的物流效率和安全。③质押物的风险。一是质押物一般为大宗商品或价格波动较大的商品，价格的跳水可能会导致银行资产减值损失的计提；二是质押物的管理与仓储问题，如何保证提货权的实现以及物流的高效是摆在这个模式前面的问题。

第三节　制造业对供应链金融的应用

从企业角度来看，制造业企业对供应链金融的应用最为典型。这是因为，制造业一般具有相当多的应收账款、预付账款以及大量存货，而核心企业与上下游中小企业间力量悬殊加剧了应收以及预付账款的数额。正因为如此，近年来越来越多的制造业采取供应链金融模式进行融资，并在基本模式基础上衍生出种类繁多的供应链金融业务模式。这一部分将对制造业企业通过供应链金融模式进行融资的典型案例进行分析。

案例一：包头物产保兑仓融资

保兑仓模式又被称为担保提货授信模式。在某些行业中，上游企业占据主导地位，下游企业由于自身规模限制往往受到预付账款带来的现金流约束，单凭其自身信用无法从银行获得贷款，而上游企业则经营状况良好。保兑仓模式就是在核心企业（通常是上游厂商）的回购承诺下，下游企业与银行合作进行融资，融资企业缴纳一定保证金，银行全款向供货商付款再从供货商处取得提货单作为质押，下游企业缴纳保证金后，银行通知供货商放货。可以看出，保兑仓模式实质上就是银行与下游企业提货权的转让。

包头物产金属材料公司（以下简称包头物产）是金属材料流通行业龙头企业，盘新股份是大型钢厂，具有良好的运营状况和稳定收益。作为盘新股份的经销商，为了保持包头物产的良好经营以及两个企业间的稳定合作关系，盘新股份决定为包头物产创造更好的融资环境。如果仅考虑包头物产自身信用条件，银行不会给予融资，但盘新股份进入后，包头物产可以通过如图5.4的保兑仓运作模式进行融资。

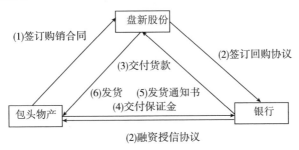

图5.4　包头物产保兑仓融资

通过保兑仓融资，盘新股份既可以稳定自己的经销商，又可以获得稳定的现金流；对于包头物产而言，也不必面对一次性付款的现金流压力，从而能够获得更大的财务运作空间；对于银行而言，也通过保兑仓业务获得了收益，形成了多赢的局面。

案例二：伊利公司易变质存货质押融资

在存货质押融资模式下，一般情况下用于质押的存货是要易于保存的，但如果存货周转速度够快并且稳定，那么条件可以放松。下面通过深圳财信德实业发展集团、伊利集团与民生银行、物流公司关于牛奶的存货质押融资模式进行阐述。

深圳财信德实业发展集团是一家从事商业批发、零售业务的贸易公司，是伊利公司的深圳总代理。由于公司本身的性质决定了其不可能拥有大量可用于抵押的资产，针对这一情况，民生银行基于牛奶产品的销售情况设计了如图 5.5 的模式。

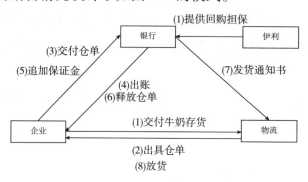

图 5.5　伊利公司易变质存货质押融资

可以看到，存货质押融资模式之所以能够稳定运作的保障在于物流企业的及时配合、存货周转的及时性。不可否认的是，在该模式下，一旦牛奶周转遇到状况导致存货变质，对于银行与伊利集团的风险还是相当巨大的。

案例三：永华钢铁应收账款保理融资

应收账款保理是上游企业常用的一种融资手段。在某些行业中，由于企业的下游厂商规模较大或者是某些上游企业的主要销售对象，那么上游企业不得不对下游企业提供一定的账期来维持良好的合作关系，通常情况下，下游企业都是规模较大、信誉较好、收入稳定的厂商，而上游企业普遍竞争较大、规模较小、信用不高，在这样的背景下，上游企业往往具有大量的应收账款，而下游企业为了保持自己的产业核心地位也往往会选择扩大规模从而进一步加大对上游企业的资金压力。

在这一案例中，永华钢铁是伟创力电脑有限公司的上游企业，其中伟创力公司是永华钢铁的主要销售对象，永华钢铁集团必须为伟创力提供相当长的账期。而伟创力集团处于行业扩张期，其对现金的需求也在扩大，永华钢铁的应收账款余额也在不断扩大。针对这一情况，平安银行与永华钢铁合作，提出了应收账款保理融资模式对永华钢铁进行融资。

在保理审核阶段，各方关系如图5.6所示。

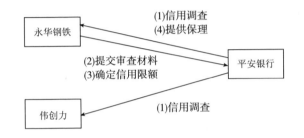

图5.6　永华钢铁应收账款保理融资（审核阶段）

在保理操作阶段，各方关系如图5.7所示。

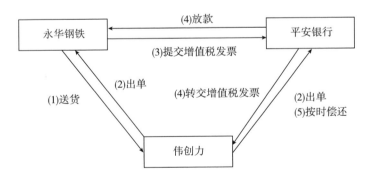

图5.7　永华钢铁应收账款保理融资（操作阶段）

从上图可以看到，在审核阶段，银行（保理商）会分别对上下游企业进行信用、运营调查，然后与融资需求方进行交涉以确定信用额度，最后进行担保。实际操作中，通过上游企业提供增值税发票然后转交发票的方式来确定交易的真实性，这也是对中小企业的基本应付账款融资模式。

案例四：中国联通应收账款证券化融资

由于某些大型企业需要对自己的经销商进行一定程度的保护，所以也出现了大量的应收账款，当相当数量的应收账款成为企业发展阻碍的时候，应收账款证券化就成为大型企业一个可选的模式。所谓的应收账款证券化模式是指企业通过信托的手段，将该企业的大量应收账款证券化，从而在资本市场获得融资。下面通过手机行业与联通公司的合作案例进行说明。

在原有模式下，由于中国联通具有一定程度的垄断优势，手机生产厂商在账期上通常选择给予联通公司一定的账期，往往只能在售出时先从联通公司获得70%的货款，剩余30%的货款将在手机卖出后从用户的服务费中获取。也就是说，生产厂商不仅要面对应收账款长期在外的现金流风险，也要面对由于用户群体违约的风险。

信托公司进入后，中国联通、运营商、手机供应商以及信托公司的运营模式变成了由供货商与中国联通签订购销合同，信托公司进入支付环节代替中国联通进行全额支付，手机供应商出货给联通运营商，运营商销售后其套餐服务收益的部分现金流成为信托财产的收益来源。具体过程如图5.8所示。

通过引入信托公司，对于手机供应商而言，全额付款大大减少了资金压力，同时也避免了手机套餐费不足而造成坏账的风险。对于联通而言，不再支付之前70%的货款，而直接由套餐费用承担了后期支付的现金流，减轻了联通的支付压力。同时，收益风险与部分收益权由信托计划转移到了信托计划购买者身上，在一定程度上又丰富了中国资本市场的投资范围，促进了信托业发展与资产管理水平。

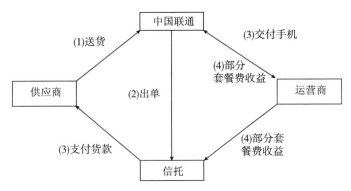

图 5.8　中国联通应收账款证券化融资

案例五：融资租赁——保理模式

融资租赁一般是生产大型设备的企业对于下游厂商的一种销售策略，其目的是缓解一次性付款压力同时也能避免下游厂商的还款风险，能够解决下游企业的预付账款问题。保理则是在应收账款环节作出的资本运作。融资租赁和保理相结合能够形成一种创新性融资模式。下面将通过中国农业银行的"银赁通"业务详细阐述融资租赁——保理模式的具体内容以及操作流程。

"银赁通"业务是农业银行对租赁公司发放专项融资，专用于租赁公司购买租赁资产出租给承租人使用，并以承租人支付的租金归还融资，或农行购买租赁公司的应收租金后直接向承租人收取租金的业务。这项业务诞生的原因主要是融资租赁公司日常经营活动中由于其业务特点而积压了大量下游企业的应付账款，其中大部分为未来的租金收入；其次是中国融资租赁公司由于政策特点无法吸收存款也没有其他合适的资金来源，先购买后租赁的业务模式产生了巨大的资金压力。

"银赁通"业务的具体操作如图5.9所示。

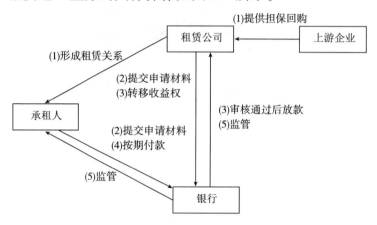

图5.9　融资租赁——保理模式

通过融资租赁——保理模式，银行可以拓宽放款渠道，融资租赁公司也能够在一定程度上解决融资难问题，并且可以改善融资租赁公司先购买后租赁模式的资金压力。从资本市场发展角度而言，这种模式还可以促使融资租赁公司不断完善自己的业务水平，扩大业务的总量，同时也能够使银行成为融资租赁公司的资本保障，而租赁公司本身的平台作用则在业务扩张中被不断加强；与此同时，由于银行的加入，承租人也要承受更大的租金压力，融资租赁总量的扩大又会间接加大上游企业的潜在风险。

案例六：福田汽车供应链 M + 1 + N 融资模式

汽车行业由于其复杂的生产流程往往具有庞大的原材料供货商以及同样庞大的经销商，汽车生产厂商拥有核心技术的支持而处于整个产业链的中心环节，其原材料供货商往往拥有大量的应收账款,而下游经销商则面临着大量预付账款的压力。针对这种情况,福田汽车与兴业银行合作开发出供应链 M + 1 + N 融资模式。具体模式如图 5.10 所示。

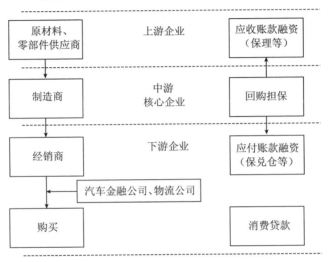

图 5.10 福田汽车供应链 M + 1 + N 融资模式

可以看出整个供应链上福田汽车为代表的车辆生产厂商是整个供应链的核心,其汽车的正常生产销售是整个供应链稳定运转的前提。只要拥有稳定的贸易关系,供应链里面上游原材料供应商、下游经销商的风险大部分都是中游汽车制造企业的经营风险。基于这些特点,兴业银行对福田汽车的上下游企业采用了 M + 1 + N 模式的融资模式。

首先由兴业银行北京支行与福田汽车签订总协议,作为该模式下的总办行,确定总的担保金额以及合格的融资名单,然后兴业银行在各地的支行作为协办行,各地有融资需求的上下游企业分别与当地兴业银行支行签订从属协定,确定各自的融资模式,最终形成

M + 1 + N 的融资模式。

实践证明，该模式提高了上下游企业对供应链融资的利用率，促进了原材料供应商以及下游经销商的发展，实现了多方共赢。同时，这种模式下供—产—销一体化后，更加有利于银行进行风险监管，不再是对于所有企业的详细监管而只用针对整个供应链做出风险预警，这也大大加强了风险控制的及时性与有效性。

案例七：J 轮胎公司预付款融资①

山东省 J 轮胎公司于 2000 年成立，是当地政府的重点扶植企业。为了解决下游经销商融资难的问题，G 银行采用"预付款融资 + 保证金 + 核心企业山东省 J 轮胎公司提供担保及回购承诺"的方式为 J 轮胎公司指定的下游经销商办理小企业信贷业务，达到拓宽担保渠道、扩大客户规模、提升核心客户市场占有率、实现小企业信贷业务快速健康发展的目的。具体方案如下：①采用"预付款融资 + 保证金 + 核心企业山东省 J 轮胎公司提供担保及回购承诺"方式。②核心客户 J 轮胎公司向 G 银行推荐经销商名单并提供年度融资计划后与经销商、G 银行签订《供货商、经销商与银行合作协议书》，明确三方权利和义务。该协议规定，如果经销商未能按时归还融资，核心客户承诺对轮胎进行回购或调剂销售，核心企业承担无限清偿责任。③经销商需在 G 银行的核心客户所在地支行开立或指定专用账户，该账户作为向核心客户支付货款、归集销货款的唯一专用账户，并接受 G 银行监督管理。④融资金额根据经销商年度经销协议及经销商申请金额确定，不高于预计进货总金额的 70%。⑤融资期限一般不超过 3 个月，最长可至 6 个月。

---

① 刘本英、崔聪聪：《商业银行供应链融资运作方案探讨》，《海南金融》2013 年第 7 期。

第四节　中国供应链金融存在的问题

目前中国供应链金融业发展还处于探索阶段，在实践操作中呈现出不少问题。

一、业务模式相对单一

尽管目前国内主要银行已经开发出较多的供应链金融产品，但总体上看业务模式仍比较单一。从国外经验来看，参与供应链的各方包括物流公司、金融公司、商业银行、交易平台提供商甚至核心企业本身均有突破本行业的限制，发起并主导供应链金融的先决条件及倡导意愿，供应链金融产品和业务模式显示出操作灵活、形式多样的特点。与之相比，目前国内供应链金融发起方基本为商业银行，且多以单一产品为主，在提供综合化供应链金融服务方面还有待加强。

二、律法规不够健全

从法律法规情况来看，大部分供应链金融业务是建立在抵质押和担保基础之上的，而中国相关的法律环境主要是《物权法》《担保法》《合同法》却有待进一步完善。其中需要重点完善的是物权、质权的相关法律解释以及质押担保问题里仓单的合法性和中国浮动抵押主体的准确性，否则将会导致供应链金融业务在很多操作和预期损失领域存在不确定性。从供应链金融业务的监管来看，目前监管部门对供应链金融的认识很大程度上停留在传统的流动资金授信层次，对供应链金融的风险特征、信贷技术以及核心价值了解有限，相关的规范、引导和监管工作比较欠缺。

三、信用评价体制不完善

与传统的银行信贷融资相比，供应链金融最大的创新在于其授信模式的改变。在供应链金融模式下，银行淡化了授信企业的财务分析，不再强调企业所处的行业规模、固定资产价值、财务指标和担保方式等，转而强调企业的单笔贸易真实背景和供应链核心企业的实力和信用水平，即银行评估的是整个供应链的信用状况。对中小企业信用评级方式的改变，必然要求商业银行重新建立一套信用评级体系，用于供应链金融业务中对中小企业进行信用评估。目前，中国社会信用征集系统、信用中介机构的建设还处于起步阶段，尤其是中小企业的信息得不到有效归集和准确评估，这将在很大程度上影响商业银行进行供应链金融的业务拓展和信用风险管理。缺乏完整的信用体系，导致供应链融资风险控制的复杂程度加大。供应链各成员间、银企间可靠的资金管理体系与信用的缺失，导致对供应链上所有企业相关数据的调查和分析无法由金融机构独立完成，金融机构也不能全面准确了解供应链运行情况。完整信用体系的缺乏导致供应链融资风险控制的复杂程度加大。

四、信息技术发展滞后

供应链金融业务的开展离不开信息技术的支撑。目前金融机构、制造企业、第三方物流信息技术应用存在很多不一致，导致开展供应链金融需要的信息流、资金流与物流对接困难。整个供应链是一个集资金流、信息流、物流于一体的闭合环节，自然需要一个强大的信息技术的处理中心。当前电子商务发展和中小企业信息技术还没有达到普遍开展供应链金融业务的要求，抑制了供应链金融业务的开展。

五、核心企业供应链管理意识薄弱

由于国内企业供应链管理的意识薄弱，供应链普遍表现出松散的特征。表现在供应链的边界模糊，核心企业对供应链成员的管理缺乏制度化的手段。成员企业对核心企业的归属感不强，也导致基于供应链的声誉效应和违约成本构造起来比较困难。这种状况不仅使得银行可选择开发的链条有限，而且需要审慎评估供应链内部约束机制的有效性。

六、供应链金融本身产生新的信息不对称

大部分供应链金融的运行模式其基础是利用核心企业的信用以及行业地位来间接帮助其上下游的大量中小企业融资，从而解决供销双方在货物——资金中期限不匹配的问题。对于银行来说，风险控制的重要原理就是通过物流公司、核心企业与上下游企业关系来减低信息不对称的现状，从而减低风险水平。但同时由于在新的模式下，由于大部分监管活动都是由物流公司完成，无论是前期的资产评估、开具仓单，还是后期的抵、质押物监管、违约拍卖，实际上都会形成一种新的委托代理关系。这种新的信息不对称问题主要表现在以下三个方面：一是企业虚假交易信息。供应链金融的运行

模式建立在企业间实际交易的前提之下，银行根据上下游企业与核心企业实际发生的交易额来确定信用额度，这也就造成了银行必须要面对企业虚报交易信息的状况。一旦虚假交易信息没有被发现，那么银行必将承担极大风险。实际操作中，一般采用融资方开具增值税发票然后由核心企业转交的方式进行实际交易的确认，以防上下游企业单独利用增值税发票骗贷的情况发生。二是操作风险的增大引起的信息不对称。从福田汽车与兴业银行的合作模式可以看出，在供应链融资模式下，无论是在地理范围还是供应链融资占应付账款的比例方面，各经销商对金融产品的支持率都显著增强。在这样的背景下，由于供应链金融业务所涉及企业数量的增多，融资总量不断加大，企业关系不断复杂化，供应链上大量经济活动势必增大企业间、企业物流公司间以及银企之间的操作风险。操作风险增大意味着供应链上信息传递的不准确性，银行将无法准确估计中小企业的实际信用水平以及实际融资需求，从而造成了这种新型信息不对称关系。三是物流公司的委托代理关系。在供应链金融的模式下，银行一般都主要依赖于物流公司对于存货的贷前价值评估、贷时监管以及贷后放贷或违约拍卖等操作。这种委托代理关系存在如下问题：一是物流公司无法正确评估货物价值，银行作为授信方必须承受质押物与实际授信额度不符的风险；二是物流公司存在与融资企业合谋骗贷的风险，比如提供虚假仓单以获取银行贷款。

七、风险集中化

供应链金融的运作模式由于核心企业的参与，其回购担保的模式使得违约风险从原来的中小企业转移到核心企业身上，银行只用对核心企业进行监管并对整个行业供应链进行风险监测。但同时由于供应链金融的特点，越来越多的上下游企业参与到融资当中，从福田汽车"M+1+N"模式可以看出福田汽车实际上承担了很大程度上的上下游企业违约风险。一旦行业销售出现问题，会对担保企业产生极大的放大作用。同时，由于企业之间的高度关联性，供应链上任何一个企业出现经营问题都会对其他企业的正常资金、货物周转造成风险，而供应链金融则会将此风险扩大，其中核心企业也将会受到极大冲击。

本章简要小结

自深圳发展银行（现平安银行）2003 年首次提出"供应链金融"概念以来，国内在该领域的理论研究和创新实践一直方兴未艾，参与供应链金融业务的主体和相关产品正日益丰富，企业对供应链金融的认识也在逐步加深，许多银行加大了供应链金融业务的开发力度并取得了显著增长。在欧洲，Demica 公司 2011 年对 40 家欧洲顶级银行的研究报告显示，供应链金融方案的成长前景虽比往年有所下降，但仍然保持"强劲"和"非常强劲"的状态；同时，受访的 40 家银行预计发达市场供应链金融的成长率将会在 10%—30%；而发展中市场的成长率在 20%—25%。目前，国内企业采用供应链融资服务的比例相对较低，与发达国家的数字相比差距较大，相关的银行业务仍有巨大的发展潜力，是银行转型的重要方向。

第六章 互联网金融与供应链金融

随着全球步入信息经济时代，以信息高科技与经济、管理紧密结合为特征的电子商务正在蓬勃发展。电子商务与供应链的融合已成为必然趋势，而基于电商的供应链体系相较于传统供应链有更强的融资需求。中小企业是供应链金融中的主要融资需求客户，由于规模小，资产少，其往往无法通过传统的资产抵押方式获得商业银行融资，造成中小企业融资困难，流动资金不足，大大制约中国中小企业的发展。传统供应链金融虽然是为帮助供应链上中小企业融资而诞生，但面对拥有数量庞大的小微企业的电商供应链系统，传统供应链金融模式已无法完全满足需求。

互联网金融是传统金融行业与互联网相结合的新兴领域。互联网金融与传统金融的区别不仅仅在于金融业务所采用的媒介不同，更重要的在于金融参与者深谙互联网"开放、平等、协作、分享"的精髓，通过互联网技术，使得传统金融业务具备透明度更强、参与度更高、协作性更好、中间成本更低、操作上更便捷等一系列特征。

　　当前，互联网金融理念已经产生多个实际投入使用的金融模式，总体上可分为支付和融资两大类型。支付类型的互联网金融发展较为成熟，模式也相对稳定，属于互联网金融的基石。融资类型的互联网金融起步不久，但已经对现有金融格局产生了冲击，其表现形式多样，目前基本走了三条不同的道路：一是强调真实贸易背景和可预期现金流的模式，例如电商融资；二是以扩大融资渠道为目的的模式，可能但不确定存在真实的项目支撑，例如P2P、众筹；三是利用利率市场化推进过程中产生的多个市场多个价格的现状，引导低利率市场资金向高利率市场移动的模式，该模式与实体经济关系不密切，例如余额宝类的货币基金。融资类型的互联网金融道路中，唯有第一条完全符合金融支持实体经济的重要目标，是应当大力发展的金融模式。

第一节　面向小微企业的互联网金融

一、变革的技术与金融

　　从金融角度来说，互联网金融的热潮已经连续几年冲击着人们的理念和现有金融体系，在"互联网+"的视角下，同样开始面临新的机遇和挑战。作为起点，我们需要对概念本身进行辨析。无论是互联网金融、金融互联网、互联网金融对传统金融的冲击或替代，种种说法背后，似乎逐渐呈现出"伪命题"的迹象。当提到这些概念时，我们脑海中想象的真实内涵，其实是互联网信息技术对金融体系的冲击和影响，这里没有"新金融"和"传统金融"，只有在技术影响下不断变化的金融。

进一步来看，我们所谓的互联网信息技术，大概可以用 ICT 来更加准确地描述。ICT 即信息、通信和技术（Information Communication Technology）的英文简称，21 世纪初，八国集团在冲绳发表的《全球信息社会冲绳宪章》中认为："信息通信技术是 21 世纪社会发展的最强有力动力之一，并将迅速成为世界经济增长的重要动力。"当然，各界对 ICT 的理解并不统一，通常的理解是 ICT 不仅可提供基于宽带、高速通信网的多种业务，也不仅是信息的传递和共享，而且还是一种通用的智能工具。

无论如何，作为当前时代的前沿技术范式，不管从硬件还是软件层面，ICT 对于金融运行、金融活动的影响是毋庸置疑的，我们姑且用"互联网金融"来描述这一变革。但是把历史视线向前和向后追溯，可能会看到技术变革线索下的更加长远的金融蓝图。例如，在 19 世纪上半期，股票交易信号的传递，是由经纪人信号站的工作人员通过望远镜观察信号灯，了解股票价格等重要信息，然后将信息从一个信号站传到另一个信号站，信息从费城传到纽约只需 10 分钟，远比马车要快，这一改变曾掀起了一轮小小的"炒股"热。直到 1867 年，美国电报公司将第一部股票行情自动收报机与纽约交易所连接，其便捷与连续性深刻激发了大众对股票的兴趣。1869 年，纽约证券交易所实现与伦敦证券交易所的电缆连接，使交易所行情迅速传到欧洲大陆，纽约的资本交易中心地位进一步凸显。由此来看，这一时期，对最令人振奋的技术对于金融的冲击，或许可以称之为"电报金融"。再如，2015 年 1 月，谷歌总裁 Eric Schmidt 在瑞士达沃斯世界经济论坛上称"互联网将消失"，其含义是互联网将会与我们的生活无缝衔接，成为无处不在的"物联网"，这里面或许同样隐含着对现有技术的重大突破，直到其改变未来的金融活动与金融功能，或许人们会用更加新奇的技术概念来描述对金融的冲击。

更具有科幻视角的是，当未来技术获得极大变革和突破，以至于从根本上改变人类社会的组织形式、管理模式、信息传递、资源配置之时，甚至达到一种在理想模型中才存在的、稳定有序的、最优的宏观均衡之时，那么货币与金融的存在可能便没有了意义，到此阶段，技术才在真正意义上"颠覆"了金融、"消灭"了金融。

可以说，把焦点放到包括互联网金融在内的一系列令人眼花缭乱的概念上面，其意义并不大。当我们谈到这些仿佛带有"魔力"的新范畴之时，无论基于感性还是理性的认识，都应当更聚焦于每个时代的"新技术"对于金融要素（金融机构、金融产品、金融市场、金融制度、金融文化）、金融功能（货币、资金融通与资源配置、支付清算、风险管理、信息提供、激励约束等）带来的"变与不变"。

二、互联网金融与小微企业融资

虽然互联网全面影响了金融体系与金融运行，但在迄今为止的各国实践中，现有的某些完全创新型的互联网金融模式，仍然还主要起功能补充的作用。另外，中国互联网金融发展动因，除了技术层面的因素，还多了制度层面的推力。之所以要认清这些，是因为技术因素促成的互联网金融创新，往往在中长期具有生命力；而制度层面因素引发的互联网金融创新，则许多是经济金融市场化改革过渡期的中短期现象。

如果顺着"缺什么补什么"的思路，来讨论互联网金融在中国的功能作用，找出当前中国金融体系中的"短板"，这就是通常所说的"小微金融服务"领域。目前，以P2P网贷平台为例，在"做大做强"的传统企业与金融文化影响下，中国许多互联网金融组织也走上了"求大"之路，这既是因为互联网金融领域拥有相对模糊而宽松的监管与制度环境，也是因为互联网金融组织期望在日益激烈的市场竞争中获得先机，更希望在市场规则明确下获得"大而不倒"的地位。

从本质上看，互联网金融模式具有分散化、去中心化的特点，并且能通过特有的信息优势发掘，更好地为"小微客户"提供服务，但客观上说，互联网金融并非一定是服务小微企业的。在发展到一定程度之后，互联网金融领域同样会出现"巨无霸"和"小微机构"的并立。鉴于个人借贷或投资者发挥的作用逐渐变弱，而包括对冲基金和银行在内的大型机构则逐渐成为游戏主角。国外一些典型的大型P2P网贷平台都在逐渐考虑放弃"PEER"的提法。例如，美国最大市场贷款平台贷款俱乐部总裁雷诺德·拉普朗什（Renaud Laplanche）曾建议将行业名称改为"市场贷款"。《纽约时报》此前借用了第二大贷款平台繁荣市场公司（Prosper Marketplace）总裁对该行业的另一说法——"在线消费者金融"。

但在中国，金融体系的"高大上"仍居于主流，而小微企业、居民金融需求仍难以得到有效满足，所以，我们其实并不需要互联网金融带来更多"大而全"的平台，而更需要"小而美"。小微领域是最典型的普惠金融，也是中国金融体系的最大短板；恰恰中国的技术创新最缺少自下而上的"草根创新"，而草根企业和个人的创新，又最需多元化的小微金融支持；随着产业升级与经济结构优化，与大工业、大企业相应的金融体系已不适应需要，先进制造业和服务业变得愈加重要，而小企业将来逐渐成为解决就业的主体，这尤其需要包括融资、投资、支付、风险管理等在内的小微金融服务，成为与经济转型相配套的新型金融体系的核心。

可以预期，未来随着制度环境的完善，中国的互联网金融组织发展也会出现某些"巨无霸"，但不管大还是小，在将来较长一段时期内，服务小微企业和个人仍会是中国互联网金融独擅胜场的舞台。

三、互联网金融支持小微企业

在此我们选择 P2P 网贷、股权众筹和大数据金融几种典型的互联网金融模式，来探讨其与小微企业融资之间的内在关联。

（一）P2P 网贷

从技术层面看，不可否认 P2P 网络借贷具有互联网时代金融市场虚拟化发展的新特点，体现出特有的金融交易效率与金融信息交互价值。借助于扑面而来的大数据时代，确实能够为改革缓慢的中国金融体系增加一些活力。此外，拥有全球领先的网络人群的中国，在居民财富管理工具奇缺的当今，P2P 网贷也成为中产阶级人群探索理财和体验放贷的途径。

应该说，P2P 网贷的真正价值，一是服务于小微企业融资和个人创业，二是提供给居民丰富的投资产品，三是增加金融交易信用建设与信息积累，四是促进民间融资的"虚拟"阳光化。迄今为止，除了在吸引投资方面"魅力四射"，其他领域都还有所不足。客观地说，包括 P2P 网贷在内的中国互联网金融探索，确实能够走出自己的特色，成为金融体系重要补充，但要避免各种夸大和扭曲，也不应机械地把商业模式与金融普惠等道德层面的"高大上"纠缠起来。当淘宝上的"P2P 网贷站点套餐"都在热销的时候，现在更需要多泼点冷水，促使 P2P 网贷回到应有的、弥补现有小微金融服务"缺失"的价值轨道，而非在狂热中被毁掉。

（二）众筹

早期国外的众筹实际上更多体现在利用网络为各种创意、创作、产品进行小额筹资，例如著名的众筹网站 Kickstarter 旨在帮助回报有限的项目获得融资，并且一直反对转向股权众筹。除此之外，在欧美还有一些旨在推动公益和慈善活动的网站平台，有时也被纳入众筹模式里。从更加广义上看，有的国家还把 P2P 网络借贷作为一种债权式的众筹平台。

应该说，从众筹的英文"crowd funding"来看，本意是指向大众进行集资，也是"凑份子"，但是这种筹资与传统模式的区别，在于是通过互联网平台进行，不仅把零散的资金更容易集聚起来，而且提供了相较传统风险投资更加灵活的机制。本质上看，P2P 网络借贷与股权众筹的模式及风险特征差异巨大，前者归为所谓债权类众筹，实际难以区分出二者的不同特质。

例如就国外实践来看，在美国首先兴起的股权众筹和非股权众筹，都可以有效解决中小微企业融资难，也有助于增进中小微企业信用记录，推动投资与融资资金的对接。实践中的很多案例也证明，股权众筹体现出"线上风险投资"的特点，当然其涉及的项目和企业可能并非最拔尖的，或许是线下风险投资认为风险较高的，因此进一步起到了融资互补功能。实际上，美国众筹发展中多以支持科技项目为主，典型的例子如 2013 年 Pebble 创始人埃里克·米基科夫斯基（Eric Migicovsky）在 Kickstarter 上发起的众筹项目，一款新型的智能手表在 28 小时内筹集到了 100 万美元。

进一步来看，在中国的经济社会环境下，真正值得关注的，无非是以股权对应的众筹活动，以及以商品或服务返还的众筹。对于后者，是近些年来国内存在规则约束的情况下，为了避免触及政策"红线"，许多众筹平台所采取的模式，就其实质看，体现出了"团购""预购"的特点。与融资性的金融功能相比，这些模式更接近于商业运营模式，只是结合了一部分商业信用因素。对于前者的命运，则在很大程度上取决于监管规则的可能变化。主要红线有两方面，一是是否公开发行，对不特定的对象发行；二是发行对象是否超过 200 人。否则的话，就可能陷入非法集资或非法证券活动的陷阱。目前，中国证监会正在加快制定股权众筹的相关政策，这一领域将迎来巨大的发展空间。

与其他服务于资金配置的金融模式一样，众筹涉及三方面的主体：资金供给者、资金需求者和资金中介。

从资金供给者来看，虽然美国已在降低股权众筹的投资者资格，但正如美国证监会曾经的解释表明，股权众筹比较适合年收入超过 20 万美元的富人，或者是有超过 100 万美元的净资产（不包括他们的房产价值）的人。应该说，股权众筹在一定程度上需要投资者具有对投资项目的鉴别力，以及额外风险的承担能力，特别在中国，可能短期内不应走向社会化和大众化，还应坚持适度的投资人门槛。在此过程中，加强金融消费者保护成为重中之重，从而彻底改变过去的金融创新思路，即在资金供给、需求、中介三者中，更注重后两者的利益。

从资金需求者来看，众筹的根本还是坚持"小而美"，即服务于小微企业的金融需求。小微企业融资难是全球性难题，即便在美国这样发达的金融体系中，仍存在金融支持的"空白区"。应该说，中国发展众筹的合理定位，仍然是多层次资本市场中的草根金融部分，而非服务于房地产、工业项目等大型、中长期资金需求领域。当然，实践中的很多案例也证明，这种"线上VC"的项目和企业可能并非最拔尖的，或许是线下VC认为风险较高的，所以加强信息披露和防欺诈也是监管重点。

从资金中介来看，考虑到股权众筹等中介平台的金融服务性质，也应当给予特定的行业或牌照约束。例如在美国，众筹监管的核心还是对中介机构，法律规定其必须在证监会注册为经纪自营商或集资门户，还要求其必须提供包括风险披露、投资者教育等其他材料。

需要注意的是，众筹的兴起也有特定环境支撑。正如众筹网站Crowdfunder联合创始人Chance Barnette认为，众筹的流行与硅谷活跃的创投环境有关。在中国目前有大量创业者在找投资、众多投资人在看项目的背景下，众筹便成为重要的沟通平台。

（三）大数据金融对信用体系建设的影响

大数据除了对社会组织、公共服务、人们生活的重大影响之外，这一热潮背后的关注焦点，其实还是商业模式，即相关数据仓库、数据安全、数据分析、数据挖掘等围绕大数据的商业价值利用。

应该说，大数据是与互联网技术的飞速发展分不开的，并带来金融信息的高速集聚和流动，且催生了一批大型金融信息提供商，如成立于 1981 年的美国彭博资讯。大数据、金融信息与信用管理之间具有天生的内在联系，尤其随着发达国家的小微企业融资和消费金融的迅速发展，金融信息管理日益与信用管理结合起来，多层次的信用信息供给体系更加完善，这对于推动金融交易效率、降低成本和风险起到了重要作用。对于小微企业融资难来说，最大的问题就是其缺乏有效的融资抵押物，同时金融机构也难以利用结构性数据来掌握其信用状况，这就使得大数据在其间可以有所作为。

实际上在发达国家，大数据已经在信用体系建设中得到了广泛应用，通过相关技术手段的使用，最终实现"一切数据都是信用数据"。例如，美国的互联网金融公司 ZestFinance，提出"所有的数据都是信用数据"的理论。ZestFinance 大量采集用户在社会媒体上留下的数据，从中对用户的信用进行判断，预测用户拖延还贷的概率。在 ZestFinance 的分析模型中大约有 7 万个变量，其中包括第三方支付数据和网络上获取的数据。通过充分获得这些数据以及大数据挖掘分析，信息不对称性得以大幅下降，信用价值也借此得以很大的释放。ZestFinance 在 2012 年 1 月 B 轮融资获得了 7300 万美元的风险资金，在 2013 年 8 月 C 轮融资中获得了 2000 万美元资金，其领头人为全球第三方支付平台 Pay Pal 联合创始人彼得·泰尔。除了 ZestFinance，Zebit、AvantCredit 和 Kreditech 等公司也提供类似的方法。ZestFinance 的数据模型大致可分为以下步骤（见图 6.1）。

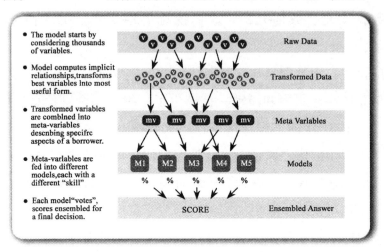

图 6.1　美国 ZestFinance 的数据模型

资料来源：ZestFinance。

其第一步是收集最初的原始数据（即原始的变量），进而挖掘数以千计的不同变量；第二步是在数据模型中转化这些原始数据，将其变为可用的格式；第三步是将转化好的变量整合成宏变量，用以描述申请借贷者的某些特征；第四步是宏变量进入具有不同功能的模块；第五步是每个模块各自打分，最后汇总得分。通过寻找原始变量之间的一些关联性，在关联性的基础上将这些变量重新绑定成一些比较大的变量，然后将这些大的变量放入不同的分立的数据模型来进行处理。每一个分立的数据模型给出一个分立的结论，再把这些分立的结论绑定，最终整合成一个自有的信用分数。因此，这个信用分数是基于大量的海量数据、大量的社交网络的数据、大量的非结构化数据的一个处理。一方面它依赖结构化的数据，但是另一方面它导入了大量的非结构化的数据。

类似的是，作为互联网企业的 AvantCredit 也充分运用机器学习算法来实时评估客户信用的可靠性。贷款整个过程在网上仅需 5—10 分钟就可以完成。此外，融资者可以将抵押物邮寄给网络典当公司 Pawngo，便可获得为期 3—6 个月的贷款。

需要看到的是，依托互联网环境我们更容易发掘、集聚信息和低成本地建设金融交易信息基础。如运用大数据方法，通过构建小微企业信用评估体系，从而有效支持小微企业融资。当然与国外相比，国内的社会信用管理、金融信息管理都还处于起步阶段。一方面，金融信息企业发展、金融信用平台建设还非常滞后。另一方面，也出现了部分积极的探索，如在阿里巴巴集团的小额贷款公司发展中，充分运用了其电商平台的信息支撑。而商业银行也在积极成立电商平台，试图把信息、信用与业务充分结合起来。

经济、社会、金融的健康运行，离不开健全的金融信用环境，这也是当前我们亟待解决的问题。党的十八届三中全会明确指出，建立健全社会征信体系、褒扬诚信、惩戒失信，2014 年中期国务院又发布了《社会信用体系建设规划纲要（2014—2020 年）》。在信用时代的建设中，大数据理应能够发挥更大的作用，能够改革过去"模糊化"的信用生态体系，使其逐渐走向"丰富性、精准化"。但是再次需要强调的是，在"软"环境存在约束的情况下，也不能对大数据信息过于迷信。如果普遍产生的都是存在虚假质疑的数据，那么"大数据"只能带来更大的信用风险扭曲。对此，除了尽快推动信用体系制度建设，短期内促进信息"公开透明"，并且注重大数据技术应用的有效性，都是需要充分重视的问题。

第二节 "一达通"供应链金融服务案例

随着近年来人民币的波动，原材料价格上涨，用工成本攀升，以及国际市场疲软，欧债美债危机等因素，导致中国中小微企业的外贸十分不景气。同时，严峻的资金短缺等促使中小出口型企业生存更加艰辛。过去中国外贸出口的最大优势在于价格便宜，但现在中国制造业低成本的时代一去不复返，参与国际竞争就需要深化服务。在外贸形势深刻变局下，中小微企业缺乏金融服务是他们在海外竞争要面临的最大门槛，而银行一直却缺乏有效供给，使得中小微企业不得不放弃优质的大订单，为了资金周转而争抢容易变现的低利润小额订单。虽然多家大型银行均已经推出了贸易融资、供应链金融等业务，然而中小微外贸企业还是面临着不能直接从银行获得贷款现状。核心问题在于融资渠道难，银行的风险和成本的难以控制。一方面银行无法直接参与贸易，使其无法了解中小微外贸企业的贸易真实性，而大大增加了融资的风险，导致风控成本太高；一方面中小微企业的融资金额较低，放贷银行的收益根本无法覆盖成本。此外，中小微企业的外贸融资需求具有散、小、快的特征，银行现有产品及流程也较难贴合企业需求。

打通中小微企业和金融机构之间的障碍，让中小微企业也能够得到优良的金融服务，单纯依靠中小微企业自身是很难实现的，而通过类似一达通这样的第三方电子商务服务平台来整合资源，为中小微外贸企业提供通关、物流、退税、外汇等外贸交易环节服务，通过介入中小微企业的整个交易环节，掌握企业真实的业务信息及海关交易记录，而且贷款企业的货款，必须经服务平台的账户结算，从而确保贷款的安全性；通过集约碎片需求"化零为整"，将中小微企业的需求打包给银行，然后再零售给中小企业，为银行解决了贷前、贷中及贷后的运营成本难题，最终让中小微企业顺利与金融机构实现对接。

一、一达通平台模式创新

深圳市一达通企业服务有限公司（以下简称一达通）成立于2001年，是中国第一家面向中小企业的外贸综合服务平台，并于2014年加入阿里巴巴，成为阿里巴巴全资子公司。一达通开创了将国际贸易与流通服务分离的外贸服务新业态，采用标准化、专业化、网络化的手段为中小微企业提供通关、物流、退税、外汇、融资等一站式外贸综合服务。通过高效整合中小企业外贸流通服务资源，从而降低中小外贸企业运行成本，改善了交易服务条件，特别是金融服务条件，有效地扩展了中小企业生存发展空间，让小企业享受大服务。

（一）基本的经营定位及盈利模式

一达通相比传统的供应链企业，有着自己独特的经营模式，可以概括为"以中小企业为服务对象，以电子商务为工具，以进出口业务流程服务外包为内容，以综合服务平台为依托的整合型全程外贸服务平台和创新型企业"。企业的基本业务定位是：专业为中小企业进出口提供全面的外包服务，是对传统外贸公司代理服务的全面升级，既有别于传统的电子商务企业，提供买卖咨询，为企业找订单，也有别于传统的供应链，依托电子商务平台，利用自身开发的进出口交易系统为客户提供一站式进出口服务解决方案和融资服务（见图6.2）。由于中小企业面临较大的成本控制压力和资金缺口，因此有着相对强烈的进出口服务外包需求，这也就成为一达通公司选择市场和业务定位的直接原因；同时，由于要利用信息化专业化手段提供全程外包服务，一达通相比传统的供应链企业有着更强的资源整合能力，形成相对较高的经营优势和服务能级。

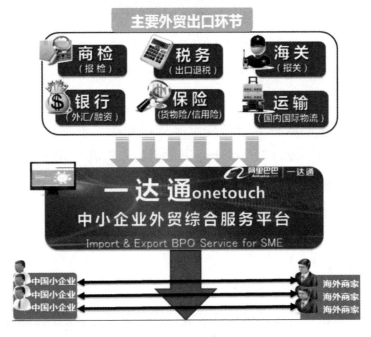

图6.2　一达通外贸综合服务平台服务模式

　　一达通的盈利模式也具有自身特色，有别于其他传统供应链和贸易公司，不以服务费、佣金为主要赢利来源，也不赚取商品差价，赢利主要来自集约外贸各类流通服务规模，赚取"服务产品"的差价。就如同沃尔玛，靠集约商品采购规模再零售商品获益，一达通外贸综合服务平台则是依靠集约服务产品采购规模再零售给中小商户获益，犹如一个"综合服务批发超市"。

（二）创新的网络融资通道

一达通通过综合服务平台与银行信贷平台相结合，为中小企业客户提供融资通道，集退税融资、电子商务、支付结算于一体，为中小企业提供全方位、多层次的综合金融服务方案。一达通外贸供应链平台运用自身系统处理能力，将监管、申请、投放、还款、放贷等相关融资工作纳入一个统一的信息化网络处理平台，较好满足中小企业外贸供应链融资小额、动态的特点，为解决中小企业融资难问题找到一个可行的解决方案。

2008 年，一达通与中国银行合作推出"中小企业外贸融资易"产品，提供进出口综合贷款、出口信用证贷款、出口退税融资三大类服务。2011 年初又开发了五款"中小企业外贸融资宝"产品，创新订单融资、打包贷款、退税融资、赊销贷款、外汇保值；同时，还为进出口企业提供外贸保险服务。2014 年，一达通推出网商贷高级版，为平台服务的中小企业提供无抵押担保的纯信用贷款。2015 年初，在为国内供应商提供满足不同阶段资金需求的多种金融服务的基础上，一达通联合外资金融机构推出了一项面向从中国供应商进口商品、有采购资金需求的海外买家（进口商）的纯信用、可循环额度的互联网金融服务，即 E - Credit Line （ECL），进一步完善一达通面向买卖双方的融资服务的布局。

一达通通过掌握整个贸易流程、控制贸易风险，在国内出口商与国外客户及双方银行之间，扮演了重要的中介担保作用，帮助国内外中小微企业解决融资难的难题。

（三）平台的创新与升级

一达通外贸综合服务平台在诸多方面进行了前沿性探索，形成了自己的特色：一是明确以中小外贸企业为服务对象的市场定位；二是实现了电子商务与供应链服务平台的对接，将线下传统进出口搬上互联网，可以不分地域、不分外贸种类提供公共化服务；三是建立了基于真实交易数据的中小外贸企业调查系统，定期发布专业化中小外贸企业调查报告。与传统的外贸公司、电子商务模式相比，一达通在以下方面实现了创新升级：

1. 推进传统外贸服务模式的创新

传统的外贸服务企业，以服务大企业为主，采用一对一或多对一的客户服务模式。一达通模式以中小微企业为服务对象，以电子商务为工具，采用流程化、标准化的服务，打造"N + 1 + N"的服务模式。通过向中小企业提供一站式的通关、物流、退税、外汇等政府性服务，减轻企业经营压力，降低企业外贸成本。另一方面向中小企业提供物流、外汇、保险、融资等商业性服务，解决企业融资难题，提高企业经营利润。该服务模式一方面有利于服务规模的扩大，适合于中国中小企业数量巨大的实际，另一方面有利于根据流程环节建立服务模型，满足中小微企业千差万别的业务需求。

2. 推进传统电子商务平台的升级

传统的 B2B 电子商务平台，主要是解决资讯不对称问题，实现撮合交易的作用，不能深入企业交易过程，持续性满足企业生产性服务的需求。一达通平台，深入企业交易流程，集约化地提供完整的生产性服务，解决"交易实现和发展"的问题。同时，基于交易流程介入，进行企业贸易真实性验证，完成企业贸易数据库建立，解决企业与外界资源方（例如银行等）经营信息不对称问题，解决中小企业融资难等问题。

二、一达通供应链金融产品及案例介绍

在线供应链金融（或叫贸易金融）服务是一达通面向中小外贸企业提供通关、退税、结汇等基础服务外的重要增值服务之一，也是公司重要的收益来源（见图6.3）。

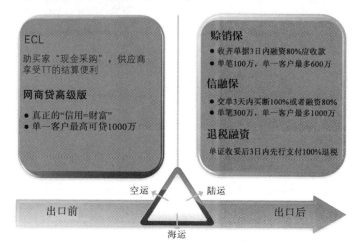

图6.3　一达通供应链金融产品

（一）赊销保

随着国际贸易市场的疲软，欧债美债危机的持续影响，海外的买家手里的资金远没有过去充裕，在欧盟市场，赊销占到贸易支付方式的半数以上。由于没有金融的支持，中小企业往往迫于自身的资金压力，对这类优质的订单有心无力，眼看着到手的生意白白溜走，甚至有时一再压低自身的利润换取买家的现金支付。赊销保（见图6.4）帮助中小企业接以前不敢接的优质大额赊销订单。供

应商按时发货交付全套单据，3 个工作日内就向一达通提前融资 80% 的货款。赊销保能减轻资金周转压力，帮助进一步提高企业利润和订单。赊销保服务由阿里巴巴联合中国银行和全球知名信用保险机构共同推出。

图 6.4　赊销保

【案例 1】赊销保助出口商接下海外大单

客户 A 是一家平板电脑的出口商，之前除了用 TT 方式出口给几个海外小买家，也承接 2—3 家国内品牌出口商给海外大买家订单的外加工单。由于视产品质量为生命，客户 A 外加工单的能力和声誉逐渐在圈内传开。在华有过多年采购经验的买家 B 找到客户 A，愿意把一款新的产品交给 A 来生产和出口，但客户需接受其在华的采购方式即赊销 120 天。

面对天下掉下的订单，客户既惊喜又忧虑：喜的是有大买家找上门了，忧的是客户没有足够充裕资金来承接 120 天的账期。通过一些关系，客户自行联系了保险公司和银行，由于保险公司需要客户缴纳一年保费和全面评估后方能合作；同时银行的应收款融资需要固定资产抵押，因此客户在短时间内很难找到一家同时解决出口险和融资需求的机构。

恰巧客户 A 遇上了阿里巴巴的外贸服务专家，了解到一达通的赊销保产品：只要是真实的贸易，客户出货后单据齐全即可在 3 个工作日内得到 80% 的货款融资。经过短时间的接洽，客户 A 决定与一达通合作接下大单。15 天后与一达通合作的保险机构——中国出口信用保险公司批复了买家 80 万美元的额度，账期为 120 天。通过紧张的备货，客户如期出货且及时通过一达通取得 80% 的融资款，客户前期采购的结算压力得以缓解。

在合作过程中，客户更惊喜的是，一达通的赊销保除了融资 80% 的货款外，还提供专业的文件支持和风险规避建议。一达通融资部除了定期更新买家的信用报告、买家行为分析外，还会辅导客户规避出口下的拖欠和纠纷风险。应用客户的原话"一达通解决的不仅是赊销融资，还是我们的出口赊销启蒙老师。感谢一达通给予我们的各种对买家风险的经验分享和教育"。

目前买家 B 计划给客户 A 加大订单，客户 A 正在向一达通申请追加买家 B 的赊销额度；有了首次的赊销合作后，客户 A 正计划把一些合作的 TT 老客户逐渐开放为赊销方式和承接大的赊销买家业务。

（二）信融保

在国际贸易中，信用证支付占比很高，因为资金压力和审证风险，中小企业往往有心无力，眼看着送上门的大额订单而不敢接。信融保（见图 6.5）是一达通针对信用证结算中出口企业面临的主要问题，推出的综合金融服务。服务涵盖信用证基础业务（审证 + 制单 + 交单）、信用证买断、信用证融资不买断三大服务模块，可按需灵活选择，专家团审证让中小企业对信用证订单要求一目了然；专业制单交单有效避免因单据不符点而被拒付的风险；信用证买断服务最高可提供 100% 买断收汇风险；信用证融资不买断帮助企业快速回笼资金缓解企业的资金。另外对于一达通信用证优质客户，还可以提供信用证打包贷款，以缓解中小企业无定金备货的难题，轻松开工；让中小企业能够顺利地与国外大客户合作，帮助他们把订单越做越大。一达通一站式外贸综合服务帮助广大中小企业降低外贸交易成本的同时解决贸易融资难题，提升企业竞争力。

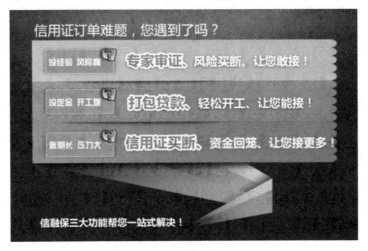

图 6.5　信融保

【案例 2】"信融保" 助力家电企业扩大出口金额

客户 C 是一家不锈钢产品出口商，出口国家主要有韩国、印度、科威特等。

2012 年与一达通合作时规模很小，客户 C 年出口金额约 150 万美元，TT 结算占总出口金额的 90％ 以上。C 认为他们缺乏信用证专业知识，没有专业人员审查条款和制单，担心信用证不符点和欺诈，另一方面也面临着信用证下的资金周转压力。

在跟一达通合作出口后，了解到一达通有专业的金融服务产品——"信融保"，服务涵盖审证制单、信用证买断、融资不买断三大模块，并可按照企业自身实际情况灵活选择服务。看到信融保的服务后，客户 C 开始选择一些安全和小订单逐渐扩大信用证结算的比例。

客户申请使用信融保的两大服务模块：①信用证基础服务，享受审核信用证草稿到制单交单的一条龙免费专业服务。②只要按照信融保"专家"的建议来收证和准时出货，单据基本上可以做到全符交单，交单后 1—3 个工作日就可以买断信用证交单金额的 100%。

成为一达通信用证优质客户后，还可使用一达通的信用证打包贷款服务，在收到信用证正本时，客户 C 可以融资到信用证金额的60%，缓解备货压力，总融资额度最高达 300 万元人民币；待买断款清还前期的打包贷款后，余款用于资金周转。客户的资金压力就大大地缓解了。万一发生单据不符的情况，客户 C 可以申请融资交单金额的80%来缓解资金压力。由于专业审单，单据上的不符并没有对买家清关、销售产生实质影响，买家很少会拒付信用证上的不符点。

一达通信融保的保驾护航让客户健康成长。客户 C 在一达通的出口金额和信用证金额不断增大，2013 年出口金额达到 400 万美元，2014 年达到 800 万美元，2015 年 1—4 月出口额已达 500 万美元；且信用证项下金额已占总比例的 60%以上。

（三）退税融资

退税融资是一达通作为外贸综合服务企业联合银行对客户提供的一种针对出口退税的创新融资方式（见图6.6）。

客户通过一达通报关出口，基于真实的贸易且符合国家出口退税标准背景下，在相关单证（增值税发票、报关截关状态、外汇收齐）齐全后3个工作日，一达通即可向客户提前垫付出口退税款，收取一定的退税融资成本，无担保，无抵押，快速到账，大大提高客户利润和资金流转的效率，同时节省办理退税操作成本。

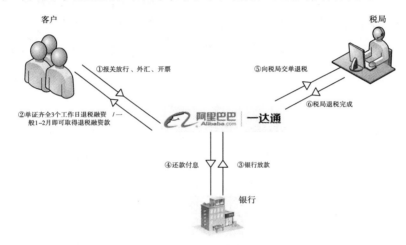

图6.6　退税融资

【案例3】退税融资助客户出口后"实时"退税

D客户通过一达通平台报关出口一票货物，货值10万美元，美元兑人民币汇率为6，退税率为17%，退税融资费率为4%，那么退税款约12万元人民币，可以在单证齐全后3个工作日即可拿到退税融资款，比客户自行正常退税提前了2个月左右，加快了资金和利润的流转速度，缓解了客户资金压力，一达通作为外贸综合服务平台代理客户操作退税事宜，客户避免了复杂的出口退税操作流程，极大地节约了人力和资源的投入。

（四）网商贷高级版

一达通联合中国银行、招商银行、平安银行等多家银行共同推出全新 B2B 互联网金融产品——网商贷高级版，该产品是以一达通平台大数据为基础的纯信用贷款产品。产品主要面向使用一达通出口基础服务的客户，以出口额度积累授信额度的无抵押担保的纯信用贷款服务。根据出口企业在一达通平台上最近 6 个月出口记录，每一美元贷款一元人民币，最高可贷款 1000 万元。且随借随还，申请、放款、还款全部在线上完成，大大提高了贷款的效率、降低了成本，解决了中小企业融资难的难题。

（五）E – Credit Line

E – Credit Line（ECL）是阿里巴巴联合外资金融机构为从中国供应商处购买商品并且具有采购资金需求的海外买家（进口商）提供的一项纯信用、可循环的互联网金融服务（见图 6.7）。即阿里巴巴通过采集网站上交易双方的信息以及买方资金需求，将买家的需求提交给买家所在国的金融合作伙伴，该金融机构则快速响应，基于互联网以及大数据特征给买家一定的授信额度用于买家。该授信额度专款专用于购买中国境内的货物，款项直接发放给中国境内的卖家。

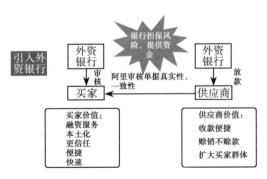

图 6.7 ECL 产品结构

ECL 产品自身有五大特点：第一，标准化。ECL 具备一致的标准，定位于一个针对中小微贸易企业定制研发的批量化金融产品。第二，全球化。ECL 产品致力于逐步覆盖阿里巴巴上所有买家所在的区域，打造中小微贸易融资服务的金融平台。第三，本土化。所有的客户由阿里巴巴推荐，然而所有的服务均由本土金融机构提供，从而建立更信任的金融合作关系，提供更便捷的金融服务。第四，互联网化。更快捷、更高效的服务；同时积累和分析全球中小微企业的经营/财务大数据，为数据时代的到来未雨绸缪。第五，多赢。各参与方均能从 ECL 的合作运营中获利：借款人（买家）获得采购资金，出口商获得订单，促进销售；金融机构扩大了客户基础，提供了有价值的金融服务；而阿里巴巴则活跃了 B2B 的交易平台，并且积累了大量的企业数据；同时，对进出口贸易的促进，帮助中小微企业成长，同时也促进了中国经济的活跃和发展，为宏观经济的平稳增长贡献力量。

ECL 产品围绕阿里巴巴让天下没有难做的生意的使命以及更好地服务中小企业的宗旨，对全球广大的中小微贸易企业具备九大价值：第一，纯信用。完全基于进口商的采购和其本身资质而授予一定的信用额度。第二，互联网化。从申请、获批额度、用款到还款完全线上操作，快捷便利。第三，较低的准入门槛。授信额度 1000 美元起，具备普惠性质。第四，额度合理。满足企业日常采购需求，一般获批额度为 USD10K – 500K 之间。第五，循环额度。可根据销售进展随借随还，按日计息。第六，利率低。与一般流动资金借款相比，合作伙伴承诺对 ECL 给出更低的利率。第七，用途广泛。可用于对多个供应商采购，覆盖首付款/尾款等多个场景。第八，时效性强。一般合作伙伴均可在三天之内审批额度，用款当天即可放款。第九，较低的综合使用成本。合作伙伴对 ECL 用户给予优惠的利率、汇率以及其他手续费、管理费。

【案例 4】ECL 助买家"现金采购"

当地供应商 D 主要生产和出口运动器材，其最大的买家为美国买家 B。买家 B 的下游均为当地商超，下游销售和回款周期较长；D 与 B 的结算周期长达半年，供应商 D 承受着巨大的资金压力。这次供应商 D 承受又"大"了：2014 年下半年的货款，到 2015 年第一季度结束后还没有回款。供应商 D 计划近期跟买家 B 进行一次"摊牌"，如再不还款就暂停出新货。

2015 年 1 月底，阿里巴巴和美国当地金融机构联合推出了一项融资服务：E－Credit Line，为在阿里巴巴平台采购的买家提供贷款服务。买家 B 公司获悉该信息后，向美国金融机构提交了申请资料，并在 24 小时内获得了几十万美元的额度。随后买家 B 向金融机构提交了为其支付供应商 D 历史订单货款的申请。

核实供应商 D 的历史发货单据和买卖双方签署的《采购合同》后，阿里巴巴平台向金融机构发出了付款指令，由金融机构与买家 B 确认垫款事宜。一周内供应商 D 收悉来自金融机构的全额垫付款。整个融资过程中，D 只参与了合同签署及单据提交的环节，无须承担买家 B 融资的任何费用和利息（均由买家 B 公司与金融机构单独结算）。供应商 D 对 E－Credit Line 表示出极大的兴趣，还了解到 E－Credit Line 不仅仅能针对历史订单融资，还能为正在洽谈的订单提供融资服务。只要买家从当地金融机构申请到了额度，即可用于中国大陆供应商的采购。供应商 D 表示他们很乐意向其他买家推荐 ECL，同时会向其他中国供应商分享 ECL 为其带来的"准入门槛低、零资金成本和享受出货后立即收款"的出口便利。

第三节　票据的电子化

一、票据与票据融资

票据是一种古老而又常用的金融工具（产品），集汇兑、支付、结算、信用、融资等多种功能于一身。虽然从广义上讲，票据包括各种有价证券和凭证，股票、国库券、企业债券、发票、提单等均可称为票据，不过人们在提及票据和票据市场时，通常谈论的还是狭义上的票据，仅指以支付金钱为目的的有价证券。《票据法》中所称的票据主要包括汇票、本票和支票。汇票是出票人签发的，委托付款人在见票时或者在指定日期无条件支付确定的金额给收款人或者持票人的票据，根据签发人的不同可分为银行汇票和商业汇票，其中商业汇票按其承兑人的不同又可进一步分为商业承兑汇票和银行承兑汇票。本票即指银行本票，是以银行为出票人签发的，承诺自己在见票时无条件支付确定的金额给收款人或者持票人的票据。支票是出票人签发的，委托办理支票存款业务的银行或者其他金融机构在见票时无条件支付确定的金额给收款人或者持票人的票据。其中银行汇票、银行本票和支票均是立即可以获得现款的证券，且其获得现款的数额与票面记载金额一致，本质上仅是支付工具，一般不具备融资功能。相反，商业汇票由于是一种远期付款工具，其兼具支付、融资和投资功能。

　　与银行汇票、银行本票和支票逐渐呈平稳发展或下行趋势不同，商业汇票近年来明显呈现上升态势，这与国内供应链金融的快速发展不无关系。票据融资是供应链金融的主要模式之一，包括承兑汇票保贴、承兑汇票保证、商业汇票赎回、商业汇票贴现等形式。事实上，票据堪称是供应链融资中使用最频繁的金融工具，这主要基于如下几方面的原因：第一，根据法定要求，票据业务必须具有真实的债权债务关系和交易关系，这与供应链金融的生存环境紧密结合；第二，与其他在单一环节应用的供应链融资工具相比，票据业务可贯穿供应链上下游的多个企业，因此灵活性更高，功能更强；第三，国内企业习惯于使用票据，并且票据贴现利率的市场化程度相对较高，客户更愿意接受；第四，由于票据可被用于调节资产负债规模和结构，因此其也受到商业银行的青睐。

　　随着供应链金融的发展，票据融资已经成为企业重要的融资方式，而商业汇票市场作为货币市场的重要组成部分，也随之快速发展起来。2014年前三季度，企业累计签发商业汇票16.2万亿元，同比增长6.9%；期末商业汇票未到期金额为9.7万亿元，同比增长8.8%，票据承兑余额比年初增加6861亿元。从行业结构看，企业签发的银行承兑汇票余额仍集中在制造业、批发和零售业；从企业结构看，由中小型企业签发的银行承兑汇票约占三分之二。2014年前三季度，金融机构累计贴现42.5万亿元，同比增长22.8%；期末贴现余额为2.7万亿元，同比增长31.1%。9月末，票据融资余额比年初增加7383亿元；余额占各项贷款的比重为3.4%，同比上升0.5个百分点。[①] 企业累计签发商业汇票及金融机构累计贴现

---

　　① 　相关数据来自于《中国货币政策执行报告（二〇一四年第三季度）》。

变动趋势见图6.8。票据融资业务以及票据市场的繁荣不仅有利于丰富中央银行货币政策手段，优化商业银行资产负债管理，更重要的是对于改善融资结构、拓宽企业融资渠道发挥着十分重要的作用。

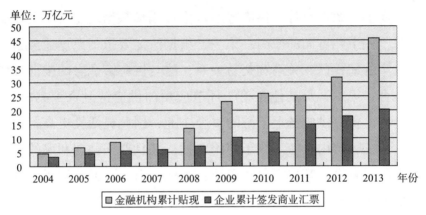

图6.8 历年企业累计签发商业汇票及金融机构累计贴现变动趋势

注：数据来自各年中国货币政策执行报告。

二、票据电子化趋势

随着数字化时代的到来，商业银行的信息技术水平日益提高，电子支付、网络支付逐渐取代了传统的支付形式，票据的电子化也成为世界范围内的票据业务发展的大趋势。从国际上来看，虽然各国情况有别，票据种类、业务发展水平和市场环境有一定的差异，但是推进票据电子化却成为各国的共识。

票据电子化是指运用现代通信技术和计算机技术，实现票据的某些环节或全流程的电子化处理。通常所说的票据电子化主要包括两种情况，其中最普遍被提及的是以电子票据取代纸质票据。电子票据是指出票人以数据电文形式制作的，委托付款人或承诺自己在见票时或指定日期无条件支付确定的金额给收款人或者持票人的票据。与纸质票据相比，电子票据具有如下四个特点：一是以数据电文代替纸质凭证，二是以计算机设备录入代替手工书写，三是以电子签名代替实体签章，四是以网络传输代替人工传递。除了直接发行电子票据以外，将传统的纸质票据电子化是另一种票据电子化的形式。例如支票持票人向银行办理托收后，委托收款银行可以将纸质支票进行影像化处理，并可通过数据报文方式实现资金的划转。由于此种形式的票据电子化往往可遵循目前票据法律制度，对客户办理票据业务的影响不大，因此容易被广泛理解和接受。

对于供应链金融来说，最为重要的是商业票据的电子化。在欧美等发达国家，商业票据已基本上是以电子化方式发行、流通转让和兑付，而中国在商业票据电子化方面发展较为落后。长期以来中国使用的都是纸质化的商业票据。随着票据市场的发展，商业汇票作为支付和融资工具变得越来越重要，票据市场的基础设施落后、缺乏统一票据流转和交易的电子化处理平台的弊端日益凸显：一是纸质商业汇票交易成本高、效率低。由于纸质票据处理环节较多，如票面审核、真伪查询、书写背书、人工签章、跟单审核、邮寄托收、入库保管等一系列环节，处理手续烦琐，效率低，在传递过程中还会耗费大量的成本。二是不利于票据市场的形成与发展。受制于商业汇票的纸质载体、手工交易方式，票据交易范围有限，交易信息不畅、不集中、不透明，缺乏有效的价格形成机制和统一控制票据风险的手段，因此很难形成有效的区域性和全国性票据市场，不利于整个金融市场的联通和发展。更严重的是，尽管在纸质票据印制过程中附加了很多诸如水印、红水线等防伪标识，但是不法分子依然能够伪造、变造、克隆票据以骗取银行和客户资金，这导致假票诈骗案件频繁发生，同时，在票据的保管、流转、托收等环节也可能出现被抢、被盗、丢失、毁损等情况。由于上述提及的效率、风险、成本等诸方面因素，传统的纸质商业汇票已经越来越难以适应经济发展的要求。随着供应链金融业务的崛起，基于市场巨大需求和市场竞争的压力，商业汇票电子化的需求越来越迫切。

2005 年，招商银行创新推出了"票据通"网上票据业务，并与 TCL 合作开立了国内第一张电子银行承兑汇票。随后民生银行、中信银行、北京银行等也纷纷开始涉足于电子商业汇票业务。虽然由于受到法律、技术、流通范围、客户接受程度等方面的限制，这种个别商业银行在其系统内部开办的电子商业汇票业务业务量很小，影响十分有限，但是商业银行的这种尝试标志着国内票据电子化迈出了第一步，即票据介质的电子化。

为了根治票据业务及票据市场中存在的顽疾，从根本上解决纸质票据带来的效率低、风险高、信息不对称等问题，在充分调研论证的基础上，中国人民银行于 2008 年决定建设电子商业汇票系统，希望以之更好地满足企业票据支付和票据融资需求，支持商业银行票据业务创新发展。2009 年 10 月 28 日，电子商业汇票系统在部分金融机构试点运行；2010 年 6 月 28 日，其在全国银行业金融机构和财务公司推广。电子商业汇票的推出正是基于互联网技术在金融领域的发展和应用，全面革新了传统商业汇票的操作模式，依托网络和计算机技术接收、登记、转发电子商业汇票数据电文，提供与电子商业汇票货币给付、资金清算等相关的业务处理服务功能，并可提供纸质商业汇票登记查询功能及商业汇票公开报价功能。同时，中国人民银行同步组织制定并发布了《电子商业汇票业务管理办法》《电子商业汇票业务处理手续》《电子商业汇票再贴现业务处理手续》《电子商业汇票系统管理办法》《电子商业汇票系统运行管理办法》《电子商业汇票系统数字证书管理办法》《电子商业汇票系统危机处理预案》《电子商业汇票业务服务协议指引》8 项涉及电子商业汇票业务和电子商业汇票系统的配套制度，明确了电子商业汇票当事人的权利、义务、业务处理流程和手续，规范了系统的准入、退出、运行维护、监管和危机处理等方面内容。作为票据市场重要的基础设施，电子商业汇票系统的建成和推广使得中国票据交易系统实现了电子化，对形成统一、高效、安全的票据市场来说至关重要，中国商业汇票从此进入电子化时代。关于纸质商业汇票与电子商业汇票区别的总结可参见表6.1。

表6.1　纸质商业汇票与电子商业汇票的区别

区别	纸质商业汇票	电子商业汇票
权力载体	实物载体，其权力载体为纸质票据本身	以数据电文形式签发、流转，存储于 ECDS 中
签章形式	当事人的实体签章，形式为当事人的签名或盖章	当事人的签章为当事人的电子签名
传递方式	采用手工传递或邮寄等方式传输	采用网络方式传输
形式要件	采用纸质原料，以认证票据信息，维护票据的真实性	以计算机等电子设备中录入和记载的信息为准

续表

区别	纸质商业汇票	电子商业汇票
效率成本	搬运、保管的成本较高，流通受地域限制	消除了保存实物的成本，方便于跨地区流通，资金流转效率高
风险控制	存在被遗失和损坏的风险，易发生票据欺诈行为	由 ECDS 分配唯一的票据号码，以电子签名识别身份

　　虽然自 2009 年建立以来，电子商业汇票业务量持续增长，但其绝对规模依旧较小，市场占比较低。2014 年，电子商业汇票系统出票 84.49 万笔，金额 31298.55 亿元；承兑 83.78 万笔，金额 30719.60 亿元；贴现 23.53 万笔，金额 15004.89 亿元；转贴现 49.11 万笔，金额 48068.99 亿元。截至 2014 年年末，电子商业汇票系统参与者共计 373 家，其中虽然可涵盖商业银行、农村信用社和财务公司三类金融机构，但部分城商行、农商行、多数农信社和外资银行等纸质票据市场参与主体仍尚未接入系统。[①] 由于参与者有限，转贴现渠道不畅，市场流动性差，使得电子商业汇票的吸引力不足。2011—2014 年，电子商业汇票贴现金额分别为 1716 亿、3883.8 亿、6404.7 亿和 15004.9 亿元，仅占承兑金额的 31.3%、40.3%、39.4% 和 48.8%，远低于纸质票据 60%—70% 的平均水平。[②]

[①] 相关数据来自于《2014 年支付体系运行总体情况》。
[②] 相关数据引自周荣芳等（2015），其中 2014 年数据来自于《2014 年支付体系运行总体情况》。

三、票据电子化对供应链金融的影响

除了电子票据相比于纸质票据所具有的显而易见的效率、安全等方面优势外，推进票据电子化在促进金融行业健康发展、促进金融与实体经济的有效结合方面还具有其他诸多积极意义。

第一，从金融机构角度来看，电子商业汇票有利于提升金融机构的服务能力。电子商业汇票系统上线运行后，票据的承兑、贴现、转贴现、再贴现、结清等环节的联系更为密切，信息更加透明，各业务品种之间依存度更强，因此，金融机构对企业客户及同业客户的信息共享、集中处理、综合营销显得尤为重要。这将促使金融机构提供更加丰富的票据服务产品，衍生出更多的新型电子增值服务。

第二，从企业角度来看，电子商业汇票成为企业直接融资的重要工具，有助于缓解企业融资难问题。由于在融资金额和融资期限灵活性等方面均有不同程度的提升，且准入门槛较低，电子商业汇票可以更好地满足企业，特别是中小企业通过票据市场融资的需求。同时，由于电子商业汇票系统在一定程度上将曾经分散割裂的市场统一起来，并且在融资业务中，贴现、贴现赎回、转贴现、转贴现赎回的利率、计息期限、付息方式都由票据买卖双方协商确定，体现了资金市场供求关系，这使得电子商业汇票融资利率具有市场价格发现功能。

第三，从中央银行角度来看，电子商业汇票能够便利其监测管理和政策操作。由于电子商业汇票系统对所有电子商业汇票集中登记托管，能够及时、全面、准确地统计商业汇票支付、融资信息，有利于中央银行准确把握资金流向及市场利率走向，这可为其制定宏观经济决策提供重要的依据和参考。同时通过在电子商业汇票系统中设置中央银行对商业汇票的灵活买入和卖出功能，根据宏观经济金融形势的变化灵活设置再贴现的期限、品种和数量，实时调整再贴现利率，可增加人民银行货币政策操作的弹性和力度，提高人民银行调控货币市场的能力，畅通货币政策传导机制。

在财务公司、商业银行的推动下，电子票据在供应链金融中替代纸质票据的趋势已经十分明显。对于企业方面来说，使用电子票据替代纸质票据明显不仅可以降低成本（人员成本、费用等）、提高效率（业务办理效率、资金使用效率等），而且也避免了票据损失、损坏风险，同时通过票据信息的数据化存储也可提升企业的内部管理水平。对于商业银行来说，使用电子票据替代纸质票据则可节省承兑行的人力，增大贴现行的业务量，总的来看，不仅便于商业银行的数据统计和经营分析，同时也可为其拓宽客户范围，加深与客户的合作关系，增加商业银行综合收益。

除了利用电子票据外，商业银行普遍也在推进票据池业务（纸质或电子票据），通过票据池质押融资拓展供应链金融服务。

本章简要小结

近几年，供应链金融业务的发展速度和受重视程度与日俱增，创新和发展的动力主要来自于供应链信息化和企业间电商的蓬勃发展。大数据的运用与互联网金融的出现，更加快了供应链金融产品和服务的创新速度。

在这一发展过程中，供应链金融的提供者已不局限于商业银行，电商平台、第三方支付公司、P2P平台、供应链专业化服务公司等均纷纷参与到供应链金融业务当中，结合自身业务特性和行业优势，在不同业务场景下为各行业提供线上的供应链金融解决方案。随之诞生出电商供应链融资、P2P+供应链融资、大宗商品供应链融资等多种模式，甚至少数行业龙头（如阿里巴巴）也开始主动打造在线供应链融资平台，并在实践中取得了很好的效果。

总体来说，互联网金融与供应链金融的结合，通过"互联网+支付+融资"的方式，实现了以互联网技术为载体，以数字签名技术为保障，通过电商平台、第三方支付、融资平台之间系统无缝对接，在基于企业信息流、商流、物流的基础上，依据不同的贸易环节植入银行、信托等金融机构提供的互联网金融产品与服务，从而实现信息流、商流、物流和资金流四流合一。不仅能更有效地解决信息不对称问题，提高供应链金融业务的效率，也为风险防控创造了更好的基础。

第七章　中国供应链金融的发展方向

近年来，中国供应链金融市场规模实现了跨越式增长。从未来发展看，作为金融机构、互联网企业以及与其密切相关的新型业态金融机构服务于实体经济的重要载体，供应链金融继续拥有广阔的发展空间。不过，鉴于金融在中国经济体系中具有外植性特征，以银行信用为基础的中国供应链金融发展模式与以商业信用为基础的国外发展模式更是具有本质性区别。因此，本章将在总结前文的基础上，挖掘中国模式中的深层次问题及解决瓶颈，并据此探讨完善中国供应链金融的有效方案。最后，讨论互联网信息技术的广泛应用和自贸区体制建设对中国供应链金融发展的推动作用。

第一节　中国供应链金融的发展瓶颈

一、"1＋N"模式的本质问题

近年来供应链金融在中国有所普及，并作为企业的筹资手段开始发挥重要作用。简单来说，过去一般是金融机构在确认不动产抵押后，根据企业的偿还业绩放贷。而供应链金融则是针对订货、库存、应收账款（票据）、资金回收等供应链流程，对周转资金的必要性和偿还能力进行更为具体的确认后再放贷（见图7.1）。因此，在供应链金融模式下，优良企业和有业绩的企业即使不动产抵押担保不足，也能获得所需贷款。

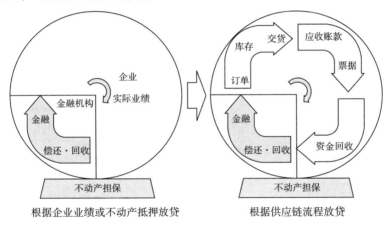

图7.1　不动产抵押融资与供应链金融的比较

资料来源：由野村综合研究所（NRI）制作。

由此可见，在"1＋N"的中国供应链金融模式中，基本无须担心核心企业的赊账结算，且供应链上的中小企业只要保持与核心企业的紧密合作即可达到增信的效果，从而极大地增加了供应链上中小企业的融资机会。然而，在中国的"1＋N"模式中也存在诸多问题（见图7.2）：首先，由于担保权不稳定以及用于评估库存和应收账款风险的信息不足等原因，依法对库存和应收账款设定质押担保的情况很少。其次，"1＋N"模式往往存在一种"偏向"，即核心企业的上游供应商的融资难得到了有效缓解，而下游销售店等的融资问题的改善却非常有限。从金融机构的角度来看，在销售店与核心企业合作不紧密的情况下，如果销售店能够从核心企业那里获得帮助和增信的话，从核心企业进货时，金融机构更容易为其提供周转资金贷款。但实际上，只有核心企业把销售店当作促销对象予以重视时，才会给其帮助和增信。此外，放眼"1＋N"模式之外，由于库存和应收账款质押担保的效果有限，导致供应链金融的成果不明显，银行仍然是根据供应商的业绩/信用和不动产抵押放贷。

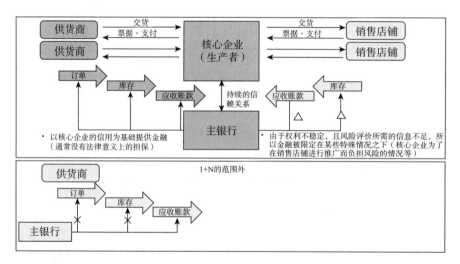

图7.2　"1＋N"模式供应链金融的问题

资料来源：由野村综合研究所（NRI）制作。

二、现存问题的解决瓶颈

通过上述分析可以看出，"1＋N"模式存在着一些本质性问题，很难发挥供应链金融的作用，也难以从根本上解决中小企业融资难的问题。因此，发展中国供应链金融的关键在于如何突破"1

＋N"模式。换句话说,就是不拘泥于"核心企业与供应商"的紧密关系,通过完善供应链金融整体的生态环境,提高供应链上企业间交易的商业信用,而不是一味地依靠银行信用。然而,从供应链金融的流程来看,目前解决该问题存在以下四大瓶颈(见图7.3)。

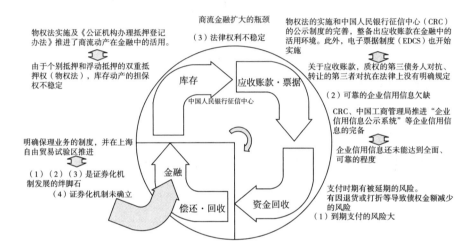

图 7.3　中国供应链金融的发展瓶颈

资料来源:由野村综合研究所(NRI)制作。

（一）付款期限无法预测

目前,作为中国的商业惯例,买方不一定明确对卖方的付款期限,且延期付款的情况也很常见。其原因诸多,比如通常买方的规模大且处于"客户"这一优越地位等。然而,如果付款期限风险大的话,供应链金融的主要操作方式——通过买进应收账款或设定质押担保(不依靠卖方的信用)向卖方提供融资会很难实行。因此,应考虑推动制度建设,参照成熟国家的做法,规定在交易初始就签订包含付款条件的合同,并依法强制遵守。

（二）企业信用信息不足

2006 年 3 月中国人民银行征信中心正式成立，并作为官方征信机构负责构筑、运营、维护企业及个人的金融信用信息数据库，从事信用信息的收集与提供。[①] 同时，中国工商行政管理局要求报告企业概况和财务数据，并通过"企业信用信息公开系统"促进面向公众的信息公开。另外，除了企业本身的信息之外，还完善了对供应链金融来说必不可少的应收账款和动产权利等信息。目前，中国人民银行征信中心根据《应收账款债权质押登记操作规程》进行应收账款的质权和转让的登记工作，工商局则负责处理动产抵押登记的信息。此外，近年利用官方信息和自身的信息网络，收集提供企业信用信息的民营征信机构也发展了起来，目前比较有实力的机构在全国有 150 家左右。

然而，这些民营征信机构存在如下问题：首先，虽然强制规定企业向工商局报告企业概况和财务信息，但企业可自愿选择是否在网上公开这些信息，实际上大部分企业选择不公开。其次，从工商局收集到的企业信用信息参差不齐，很多信息消费者质疑其可靠性和全面性。此外，目前只有金融机构和部分非银行金融机构（以下简称非银机构）被允许进入存储企业信贷和应收账款信息的中国人民银行征信中心，一般的民营征信机构根本无法从其获得信息。实际上，民营机构即便被允许进入该系统，由于没有明确规定其是否有权向第三方公开这些信息，所以，能否将这些信息作为服务提供给信息消费者也是未知数。更何况目前根本就没有关于企业付款义务的结算动向信息。然而，从信息消费者的角度来

---

① 截至 2013 年 11 月末已收录了 8.3 亿人、2000 万家企业的数据。

看，越是担心企业是否如期结算，对这些数据的需求也越强烈。

（三）动产质押担保和转让的法律权利不稳定

如前所述，由于在《物权法》中规定了应收账款债权质押，中国人民银行征信中心也完善了应收账款债权质押和债权转让的公示制度，可以说中国在推动供应链金融发展过程中的法制建设取得了一定进展。同时伴随着电子商业票据管理办法、电子商业票据系统运行管理办法的出台，以及中国人民银行电子商业票据系统 ECDS（Electronic Commercial Draft System）的启动，票据在供应链金融中的使用也获得了一定的推广。然而，由于法律没有明确规定有关应收账款质押的第三者债务对抗条件以及应收账款债权转让的第三者对抗条件，所以针对应收账款进行融资担保设定以及应收账款的保理业务仍存在问题。此外，在库存担保方面，虽然《物权法》对动产抵押作了相关规定，也实施了动产抵押登记制度①，且工商局通过"企业信用信息公示系统"也在不断推进网上公开制度。但由于存在固定抵押和浮动抵押（库存动产）这种二元抵押权构造，使得人们担心浮动抵押的权利劣后于固定抵押，对库存质押担保权的实施造成了影响。

（四）证券化机制不健全

供应链金融主要是针对靠自身信用难以获得充足贷款的中小企业，通过应收账款和库存的价值提高其信用度，以提高金融机构对其放贷的可能性。然而，"1 + N"模式意味着金融机构对核心企业

---

① 动产抵押登记的登记机构为抵押物所在地的工商局。人、事业单位、社会团体及其他非企业组织所持有的生产资料及生活资料，依据《公证机构办理抵押登记手续的规则》（2000 年），在债务人所在地的公证机构登记。

的信贷收支差额的增大。换言之，容易引起信贷风险的集中，有可能触犯金融机构针对一家企业集团的信贷额度规定。从这个角度来看，通过证券化将活用应收账款和票据的融资从资产负债表剥离对促进供应链金融的发展非常有利。尤其是对那些资金量不够充裕的金融机构和非银机构来说，证券化是确保资金流动性的重要手段。同时，对于"1＋N"模式以外的供应链金融来说①，即使买方企业没那么优良，作为适度分散买方企业风险的有价证券组合，通过证券化/流动化销售给市场投资者的话，根据风险分散的效果，该成本也有可能比卖方企业单独筹资的成本要低。然而，实际上由于上述的三个瓶颈造成风险和不确定性增大②，导致筹资成本优势消失，证券化难以实施。

因此，要想推动证券化和流动化发展，首先需要加强法律建设和平台等基础设施建设。同时，现行的除银行以外不能对银行汇票贴现背书转让的规定会限制票据流动化和证券化发展，应考虑放宽银行汇票贴现转让的相关规定。此外，外资金融机构和外资非银机构在实行"1＋N"模式时，作为其客户的核心企业大多也是总部设在同一国家的外资企业。在这种情况下，对十分了解核心企业的外资机构投资家来说，如果能通过证券化/流动化卖掉债权，就有可能凭借有利的筹资成本从资产负债表中脱离，但现实情况是离岸筹资还存在诸多制约。

① 这种情况虽然不需要以缓和核心企业信贷集中为动机的证券化/流动化，但对资金不雄厚的金融机构和非银机构来说，与"1＋N"无关，在确保流动性方面很有效。

② 在"1＋N"模式中，一般来说核心企业的信用风险和结算风险很低，这是由于主银行和买方核心企业关系密切。而通过证券化/流动化销售给其他一般投资者时，由于和主要银行切断了关系，所以信用风险和不确定性随之增加，市场的筹资成本也变得未必有利。

第二节　完善中国供应链金融的有效方案

上节梳理了中国供应链金融模式的本质问题及解决瓶颈。接下来，通过借鉴国外经验，从改进商业习惯、完善企业信用信息、健全法律制度，以及推进基础设施建设等角度出发，全面探讨与总结完善中国供应链金融的有效方案（见图 7.4）。

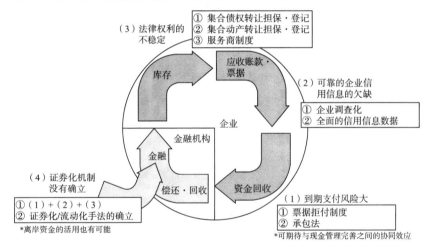

图 7.4　完善中国供应链金融的有效方案

资料来源：由野村综合研究所（NRI）制作。

一、推进到期支付的商业惯例

首先，需要推进票据和应收账款债权到期支付的商业惯例。即修订票据法，同时构建确保付款期限履行的平台。现行的票据法之下，在特定地区的电子票据平台中出现付款延迟的情况，可考虑制定处罚规则和自动兑付机制（过了票据支付期限一段时间后自动进行现金兑付的机制）。此外，如果一开始的商业合同就不明确的话，有关义务履行的看法不一致，容易导致在付款金额和期限方面发生纠纷（或者买方的任意解释）。针对该问题，例如日本是通过《分包法》，对处于优势地位的买方规定相关义务和禁止行为。借鉴该经验，中国的地方政府和国有企业可以考虑设计公正的订货合同形式，并在此基础上针对合同的执行及付款期限的实施制定目标值（KPI）。

如果，严守付款期限一时难以实现的话，可将电子票据平台作为票据买卖的基础设施，激励用户在该平台中筹措资金，借此促进严守付款期限的习惯。此外，可以将电子票据平台积累的数据用于信用风险和稀释风险的评估，以及票据、应收账款的流动化和证券化的推进。

二、完善企业信用信息

（一）企业信用信息调查机构

针对中小企业，企业征信机构除了收集正规信息之外，还要不辞辛苦地收集非正规信息。为了尽量排除恣意性，提高可信度，机构更需要对用户公开其信息处理技术和方法，提高透明度。为此，优质的企业征信机构应具备一定的规模和品牌。对机构及用户双方来说，确保一定规模就可以进行数据有效性的背景测试。此外，规模与品牌相关联，优质机构更能够彻底执行敏感信息的处理，保证信息输出的客观合规性。在国外可以看到这样的案例，即伴随着征信机构的品牌提升，作为调查对象的企业会更主动地向机构提供财务报表和业务模式信息等非公开信息。

如上所述，企业征信机构把非正规信息加入到正规数据中并使之正规化，可以说发挥着面向用户和市场提供公共财产的类似评级机构的作用。目前，中国的评级机构在与外资合作方面已有所突破，同样，征信机构也可以考虑通过与外资合作，在技术以及经营管理、信息公开等方面利用外资的品牌和技术优势。另外，从开拓和使用正式及非正式的混合信息源，面向客户开发和提供方便实用的标准化报告和数据库服务的功能来看，中国也有必要培育有一定规模的民营征信机构。

（二）正规企业信用数据

央行的征信中心可考虑扩充票据结算信息及担保人债务信息等的收集。① 民营部门，结算信息在从事商业票据签署和信贷担保等业务的交易信用担保机构或电子票据平台中有所积累，可进一步利用这些数据。同时，央行可考虑认可的企业征信机构访问央行的征信中心和民营数据库，并制定这些机构向第三方提供信息时的规则。

三、提高流动资产的法律稳定性

首先，需要在法律上写明应收账款债权转让的第三者对抗条件以及应收账款债权质押的债务者对抗条件。同时，为了保证其实效性，在梳理与其他法令及机制关系的基础上，需要建立有经济合理性的公开制度及运行管理体制。换言之，为了成为第三者及第三者

---

① 企业代表人或保证人的相关数据对提高信贷判断，鉴别反复设立又破产的企业经营人有效。

债务的对抗条件，使阅览者能够检索和阅览到必要的最低限度的信息，以及使相似信息重复存在的可能性降至最小，需要采取如下措施：

第一，完善制度设计。其中包括：规定应收账款对象的范围；规定登记及公开对象信息的范围；研究可能进行检索/阅览的人的范围和检索方法；推动与企业信用信息链接、排除重复报告等。

第二，强化物权法的浮动抵押权。现在的物权法包含固定抵押和浮动抵押的二元结构，且一般而言，浮动抵押权处于劣势。为了活用供应链中作为抵押品的流动资产——库存，就需要消除这种法律上的优劣差异，或通过制度改革承认库存在进行了某种程度公示后的优越地位。总之，与应收账款债权一样，库存也需要确保有经济合理性的公开制度及相应的运行管理体制。为此，需要采取如下措施：明确鉴定作为流动资产的库存物品的方法；规定登记及公开对象的信息的范围；研究可能进行检索/阅览的人的范围和检索方法；推动与企业信用信息的链接、排除重复的报告等。

从国内外的成熟事例来看，一般来说保证库存抵押担保有效运营的监控成本都很高，因此，在特定商业模式下以借贷双方意见一致为前提的情况较多。从这个意义上来说，库存担保融资是一种支持在某种程度上有信赖关系的借贷双方的融资机制，这一点非常重要。①

_____

① 例如在日本的集合动产转让登记中，假设有替换内容的库存，可根据所在地和大体的物品种类专门设定转让抵押的对象。由此，原本借款方将库存转移便失去效力，但通过设定一定的信赖关系和商业模式就可以避免产生问题。

四、完善证券化和流动化机制

与供应链有关的证券化和流动化是将面向多个买方（销售对象）的债权汇集到一个组合中，然后销售给投资者的机制。为了不和其他债权债务混为一体，需要设置特别目的公司（SPC），并将SPC作为交易的主体（见图7.5）。然而，这种组合存在诸多风险，包括销售对象不履行债务的坏账风险、销售对象结算应收账款的风险（债权不存在的欺诈风险、退货和打折降价导致的债权价值减少的稀薄化风险等），以及对SPC的债权销售或转让中由于法律不完善产生的对抗条件的风险等。因此，为了使证券化和流动化市场发挥作用，就需要排除对抗条件风险，将与应收账款结算相关的风险最小化（至少也要使之数值化，且使波动率最小化），并在此基础上，使销售对象的坏账风险能够定量算出，最终用于证券化评级。

除了上述的降低和排除风险外，推动证券化和流动化的有效措施还有以下两点：

第一，发挥离岸市场的作用。对金融机构等来说，证券化和流动化的优点在于信用风险的表外化和确保流动性。而中小型金融机构和非银机构（包括外资机构在内）都迫切需要在这两方面有所突破，他们有引领证券化和流动化市场发展的潜在动机。因此，为了更有效地激励这些机构，可考虑利用离岸市场推动有供应链背景的证券化和流动化发展。

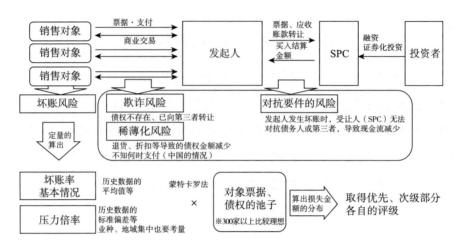

图 7.5 票据和应收账款的流动化和证券化机制

资料来源：野村综合研究所（NRI）根据日本评级研究所 HP 资料制作。

第二，允许金融机构工作人员从事债权回收业务。实际上应收账款债权即使转让给了投资者，也有必要代替投资者回收债权，尤其是附带高风险部分所引发的不良债权的管理、回收、销售等业务。因此，需要考虑允许包括非银机构在内的金融机构工作人员从事债权回收业务（包含不良债权），并制定必要的规则。例如，日本的服务商制度就是以促进处理不良债权为目的，将原本仅允许律师从事的债权回收业务放宽，作为律师法的特例，也允许企业在获得许可后从事特定金钱债权的管理和回收（见图 7.6）。①

---

　　① 包括金融机构或非银机构持有的债权、证券化和流动化相关债权、法律破产手续相关债权、信用担保协会的求偿权等。

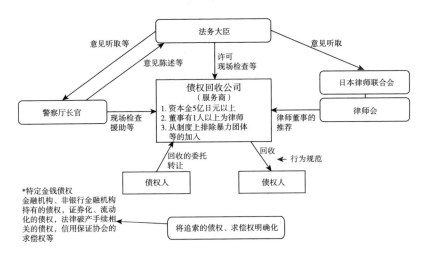

图 7.6　日本服务商制度的概要

资料来源：野村综合研究所（NRI）根据日本法务省 HP 制作。

五、若干结论

综上所述，付款期限的商业习惯、企业信用信息、流动资产的法律稳定性，以及证券化等的供应链金融环境得以完善的话，就可能进行合理定价（见表 7.1）。除此之外，还需要放宽管制，认可银行以外的机构进行银行汇票贴现的背书和转让。

表 7.1　中国供应链金融的发展问题和应对方案

问题	种类	可参考的海外事例或基准	应对方案
到期付款的风险大	商业习惯	①票据拒付制度（票据交换制度）； ②分包法	①将遵守和制裁票据、应收债权支付期限的措施等制度化。从引进电子票据开始（民营试点）； ②和地方政府合作，从地方政府层面制定公平的合同执行与到期支付的 KPI
可靠的企业信用信息的欠缺	基础设施	①企业调查机构； ②全面的信用信息数据	①促进培育可信及便利的企业信用调查机构（包括外资）； ②扩充企业信用数据（应收账款结算、票据结算、保证人等）和阅览用户范围
法律权利的不稳定	法律制度	①集合债权转让担保和登记制度； ②集合动产转让担保和登记制度； ※美国 UCC 也可参考	①应收债权转让的第三者对抗条件、应收债权抵押的债务人对抗条件法制化； ②强化物权法的浮动抵押权（消除固定、浮动的区别等）
证券化、流动化的手法未确立	资本市场	①到期付款的风险大，可靠的企业信息的欠缺，法律权利的不稳定； ②完善证券化、流动化手法； ③服务商制度	①顺利完善商业习惯、基础设施、法律制度的话，通过证券化、流动化来获取低利率资金将成为可能； ②积极促进证券化、流动化； ※银行汇票贴现背书转让的规制缓和 ③为促进供应链金融相关业务的发展，明确对债权回收业务的管理

第三节　IT 进步与供应链金融发展

融入了互联网信息技术的金融活动与以往的区别在于服务方式发生了根本性的改变。互联网时代下的金融经营主体是一个极具包容性的概念，可以是金融机构、互联网企业或移动运营商等。这从某种意义上来说，已突破了中国长期以来固守的"金融权"的问题。未来，互联网企业以及与其密切相关的新型业态金融机构在拓展供应链金融方面也将发挥重要作用。这将倒逼传统金融机构不断创新，同时，推动有助于中国供应链金融长远发展的制度创新。

一、银行供应链金融的发展

电子供应链金融在技术手段、系统完备性、结算速度、融资效率、服务质量等方面有着极大的优势，能够有效缩短银行和企业在供应链中的响应速度，提高资金透明度和信息完备度，减轻财务管理负担和成本，提高企业财务运营和控制能力，是供应链金融服务的未来发展方向。

（一）银行供应链业务从线下到线上的转型

伴随着 IT 技术进步，特别是得益于互联网信息技术的快速推进，中国供应链金融的发展历经了从线下"1＋N"模式向线上"1＋N"模式的重要转型。在传统的线下"1＋N"模式下，银行根据核心企业"1"的信用支撑，对其上下游的"N"家中小企业进行融资。对于银行来说，传统供应链融资缺乏客户信息，需要银行人员在贷前、贷中、贷后各个环节做大量调查、审核，由此，银行的风险也主要体现在对核心企业的上下游企业信息的真实性把控不足，以及银行在经营过程中存在的操作风险等。而线上"1＋N"模式将核心企业"1"的数据与银行完成对接，银行得以随时获取核心企业和产业链上下游企业的真实经营信息。对于银行来说，电子化可让客户的信息透明，信息平台成为评价客户的重要参考，且银行可批量拓展客户。对于在线融资的中小企业而言，实现了从贷款申请、借款审批、合同签订、放款和还款等全流程线上操作。因此，线上"1＋N"模式不仅提高了服务效率，风险防控能力也较线下模式有了很大的提升。

（二）银行与电商在供应链金融领域的合作

近年银行顺应互联网时代企业电子商务转型趋势，在领先的供应链金融服务体系和强大的信息系统基础上开始提供电商综合服务解决方案，致力于协助企业打造完善的电子商务经营生态圈。银行电子化供应链金融实践首先从电商开始是因为电商企业主导的供应链金融，更容易采取一些系统化的手段。银行原本只注重资金流，而电商实现了三流合一，其中的信息流和物流正是银行所迫切需要的。中国电子商务市场仍将维持稳定的增长态势，银行拥有良好的线下供应链金融业务基础和强大的信息系统支撑，力图以电商供应链金融业务为突破点，助力核心企业及其上下游企业实现供应链的高效整合。[1]

---

① 近年来银行纷纷加入电商供应链金融的征战：2010年、2011年、2013年，建行分别与金银岛、敦煌网、京东商城合作共同开发在线融资平台。2012年，中行与京东商城推出供应链金融服务平台。2013年苏宁供应链金融业务面向中小微企业全面开放。其中授信业务已覆盖交行、中行、光大、花旗、渣打、平安、汇丰7家国内外知名银行。薛洁：《银行：电子版供应链金融征战进行时》（中国建设银行网站）。

（三）银行搭建在线供应链综合服务平台

银行将由供应链金融的主角转型为平台的搭建者，即将中小企业的订单、运单、收单、融资、仓储等经营性行为置于线上，同时引进物流和信用信息提供商，搭建服务平台为企业提供配套服务。由此，供应链金融的核心将由"融资"转向"企业交易过程"，同时将从围绕核心大企业的"1＋N"模式，拓展围绕中小企业自身交易的"N＋N"模式。未来银行应进一步紧密围绕以客户为中心的服务宗旨，以实体供应链和金融供应链的融合为出发点，以电子化和绿色低碳作为主要发展方向，通过"1＋N"模式、"N＋N"模式、跨境供应链融资、绿色供应链融资等服务方案，并且通过方案的内涵和外延进一步扩大，为企业发展和战略转型提供全方位的电子化供应链金融服务。

总之，近年来商业银行按照"平台＋金融核心＋大数据"的互联网创新路径，一直在进行产业互联网金融的深入探索与实践。前期是对传统公司金融业务的互联网优化与升级，建设互联网投融资平台，利用互联网优势实践普惠金融；然后是通过互联网化的创新型公司金融产品渗透到泛供应链金融领域，围绕核心企业及其上下游建立端到端、开放式的供应链结算与融资支持；再到今天提出的"互联网＋供应链金融"创新模式与解决方案，与协作企业共同构建产业互联网金融平台生态，形成产业互联网金融可持续经营模式，沉淀和积累大数据；最终实现产业金融的互联网转型和轻型发展。产业金融与互联网的融合将是实体经济与商业银行把握互联网发展机遇、重构供应链金融价值链的共同选择。

二、互联网供应链金融的发展

如上所述，为应对互联网金融的挑战，商业银行明显加大了科技投入，在强化传统电子银行优势的基础上，积极介入互联网金融领域。然而，严格的监管以及长期以来形成的规范审慎的经营行为和文化氛围，使得商业银行在直面互联网信息技术推动下的供应链金融新布局时面临诸多掣肘，发展并不如业界想象那般迅猛。同时，当今的商业环境仍存在伪造、商业纠纷等问题，且线下沉淀的大量支付、借贷数据无法与企业经营联系等，都导致国内供应链金融业务仍高度依赖核心企业或其上下游交易主体的信用支持供应链支付、供应链账款管理及供应链融资的现金流闭环运作，具有明显的封闭性、自偿性和特定性的特点。

实际上，供应链金融的关键词是："协同、效率、成本"。然而如前所述，在供应链上由于受制于核心企业的强势地位和绝对话语权，上下游的中小企业饱受赊销困扰，且银行授信额度低，中小企业回款难往往会造成资金链断裂，因此最初的供应链金融需求多来自于中小企业。而大企业虽然处于优势地位，但由于产业链过长，也会出现现金不足和供货欠款押款等问题，遭到下游供应商中小企业的诟病。由此可见，一方面金融机构急需放贷，另一方面产业链上的各级别企业均资金短缺，造成资金使用效率的低下。而解决这些问题正是互联网企业的最大优势。实际上，自2013年以来，以阿里巴巴、腾讯、百度等互联网巨头为代表，借助第三方支付或社交平台所积累的客户以及数据资源，从余额理财切入，并拓展消费金融，乃至发起设立民营银行。未来，互联网企业在拓展供应链金融方面将直接发挥重要作用。

　　互联网金融发展伊始虽然推出的是针对个人的互联网理财工具以及针对个人之间的 P2P 贷款与众筹。由于供应链末端的小微企业融资需求强烈，市场巨大，且传统金融服务覆盖尚不足，因此互联网企业结合行业经验进行风控，并利用其直接对接小微企业端借款业务需求的专业水平，直接服务于实体经济，以此摊薄成本，提高盈利能力。但发展至今，互联网金融在竞争压力下已开始逐步瞄准作为传统银行优良资产的中小企业客户，结合其业务优势，整合供应链中蕴藏着的资金管理、票据服务、银企直联、融资、理财等多元化金融需求。其中，针对集团大客户供应链上中小企业提供产品后不能及时收到销售款的问题，一些互联网金融公司建立了保理模式，当集团客户上下游的中小型供货商销售商品给集团企业时，平台便会绑定银行保理来实现货到付款，帮助这些中小企业快速获得急需资金，从而提升供应链的竞争能力。而对于集团客户而言，其可以约定年期付款给平台。这样，不仅解决了中小企业供应商的回款现金流问题，同时集团客户也提高了资金使用效率，可通过互联网金融投资理财扩大收益。中小企业在享受了资金管理整合平台的票据服务、融资、理财等服务的同时，也提高了资金使用的规范性，从长远来看，也有利于推动中小企业内部治理的良性发展。总之，互联网企业在未来的供应链金融中发挥的作用也将越来越明显。

三、中国征信市场的发展

　　征信是专业化的、独立的第三方机构为个人或企业建立信用档案，依法采集、客观记录其信用信息，并依法对外提供信用信息服务的一种活动。根据宏源证券预测，中国个人征信市场空间为 1030

亿元，而目前个人征信和企业征信的总规模仅为 20 亿元。无论是以银行信用为基础还是以商业信用为基础，征信市场都是推动中国供应链金融发展的基础设施建设的重要一环。

（一）民营征信机构的准入

在放开个人征信准入之前，中国提供个人征信服务的"正规军"只有人民银行征信中心及其下属的上海资信有限公司。且根据中国征信业管理条例第二十八条规定，只有从事信贷业务的机构才能进入央行的征信系统。为此，处于供应链末端的 P2P 网贷等在法律地位尚未明确之前，还不能像商业银行、小贷、担保公司或者村镇银行一样直接接入央行征信中心，导致 P2P 机构无法有效掌握借款人在各类民间机构的贷款信息，难于识别借款人在民间机构存在的多头借贷或恶意骗贷等情况。① 2015 年 1 月 5 日，央行发布了《关于做好个人征信业务准备工作的通知》，包括芝麻信用管理有限公司、腾讯征信有限公司、深圳前海征信中心股份有限公司、鹏元征信有限公司、中诚信征信有限公司、中智诚征信有限公司、拉卡拉信用管理有限公司、北京华道征信有限公司的八家机构将成为中国首批个人征信商业机构。由于客户源不同，这些征信机构的评估标准也不一样。②

---

① 据网贷之家统计显示，截至 2015 年 3 月，全国共有 P2P 运营平台 1728 家，预计 2015 年总成交将超过 5000 亿元。然而，截至 2015 年 3 月，出现问题的 P2P 平台有 56 家。规范缺失、行业偏离、数据孤立，P2P 行业面临的所有问题都源于征信。

② 依托于阿里巴巴集团和支付宝的芝麻信用公司拥有大量的淘宝商户团体和消费客户群的经营情况、资金往来信息、消费支出数据；腾讯征信公司则凭借通讯软件拥有大量与 QQ、微信以及财付通相关的个人社交情况、经济往来数据；依托平安银行的深圳前海征信公司拥有大量的银行信贷信息及支付清算数据；拉卡拉征信公司的数据优势则是其掌握的大量小商户刷卡记录和个人公共事业缴费记录；北京华道征信公司是最早涉足互联网金融风险评估和信用评级的公司之一，掌握大量与互联网金融业务相关的数据和信息。吴婧：《征信经济有多火》，《国际金融报》2015 年 5 月 4 日。

与传统征信机构相比，新晋征信从业者思路更开阔，在互联网金融蓬勃发展的条件下，征信应用场景已经扩展到生活的方方面面。除了金融领域传统的银行信贷、担保、资产管理、P2P 网贷、小微贷款，还有大家普遍提到的普惠金融等原有的征信系统中没有的人群。除此之外，还有很多非金融的产品，例如招聘、租房、赊购、证婚等多元化的个体信用记录，构成了一个完整的信用经济体系。

（二）传统征信机构的改革

为适应新型金融机构的发展和民营征信机构的竞争，传统征信机构也正积极推动改革。此前，上海资信受央行征信中心委托开发了网络金融征信系统（简称 NFCS），已经开始录入信息。目前 NF-CS 采集的是以 P2P 网贷为主的各类新型金融机构的个人借贷记录信息，并且向合格的金融机构开放个人信用报告的查询服务。截至2015 年 4 月 20 日，签约的 P2P 网贷机构有 537 家，入库人数为72.5 万人。NFCS 从建设之初就是在征信业务和技术标准采取与央行征信系统一致的标准，一旦相关监管政策落地，P2P 网贷机构的法律地位得以明确，已经接入到 NFCS 系统的 P2P 网贷机构就可以更快捷、方便地进入到央行的征信系统。

四、供应链金融的风控及其局限性

供应链金融的风控就是建立包括信息流、资金流、物流"三流合一"的风控体系，通过全程控制的闭环交易体系进行风险控制。尽管不同的模式风控手段也不尽相同，但是总体都要遵循大数据分析（Big Data Analysis）、资产抵押（Asset – backed）、供应链控制

(Supply Chain Control) 和企业信息洞察（Truth Insight）的四维度分析，控制融资项目风险。

在信用时代的建设中，大数据自然能够发挥巨大作用，推动供应链管理逐渐走向高效化和精准化。目前，很多各领域都非常重视大数据的运用，但大数据只能作为参考，不能完全作为风控的依据。特别是在中国"软"环境存在缺陷的现实情况下，不能对大数据过于迷信。如果普遍产生的都是存在虚假质疑的数据，那么大数据也只能带来更大的信用风险扭曲。对此，长期来看需要尽快推动信用体系建设，短期内则需要促进信息"公开透明"，并且重视大数据技术应用的有效性。

第四节　自贸区建设与供应链金融发展

目前中国已挂牌成立的四大自贸区虽各有特色，但其宗旨都在于进一步推动贸易转型升级，培育贸易新型业态和功能，加快提升中国在全球贸易价值链中的地位。而自贸区的特殊环境及相关政策导向对供应链金融业务的发展必将带来一系列的改变。

一、自贸区建设及其定位

自 2013 年 8 月 22 日国务院正式批准设立中国（上海）贸易试验区，范围涵盖上海市外高桥保税区、外高桥保税物流园区、洋山保税港区和上海浦东机场综合保税区 4 个海关特殊监管区域，总面积为 28.78 平方公里。2015 年 3 月 1 日起，全国人大常委会授权国务院在天津、广东和福建三大自贸区以及扩区后的上海自贸区暂时调整相关法律规定的行政审批的决定正式实施，意味着中国从南到北四大自贸区的改革开放新格局已形成。

按照这四大自贸区的长远规划以及与"一带一路"战略的衔接，四大自贸区的发展也各有侧重。作为北方地区首个自贸区，天津自贸区的特色是服务京津冀协同发展和"一带一路"国家战略、发展实体经济、壮大融资租赁业。广东自贸区将发挥毗邻港澳的区位优势，在区内营造一个与港澳接轨的社会环境、法律环境、政府治理环境和营商环境。作为大陆与台湾距离最近的省份，对接台湾是福建自贸区最大的特色，福州片区将力争建设成为两岸全面合作的示范区，初步制定的创新措施包括推动两岸贸易的转型升级、进一步扩大台资投资领域开放、加大两岸旅游文化交流等。最先试点的上海自贸区，扩区之后纳入陆家嘴金融片区、金桥开发区片区和张江高科技片区。作为国内金融要素最密集的区域，陆家嘴纳入自贸区后，将大大提升上海自贸区金融创新的辐射力和穿透力；金桥和张江又可将上海自贸区的试点内容从贸易业拓展到先进制造业和高科技产业。上海自贸区建设将更紧密地与上海"四个中心"建设有机结合。

总体来看，目前天津、福建、广东这三个自贸区的功能主要是围绕投资贸易、港口仓储等，力求提高投资的便利性。广东自贸区以制度创新为核心，贯彻"一带一路"建设等国家战略，探索粤港澳经济合作新模式；天津自贸区贯彻京津冀协同发展等国家战略，探索区域经济合作新模式；福建自贸区贯彻"一带一路"建设等国家战略，探索闽台经济合作新模式。而上海自贸区的发展已经进入第二个阶段——在完整的社会形态中，探索政府管理经济的方式转变。从这个意义上来看，扩区也意味着将早期偏重贸易和仓储物流的单一功能变得更具全面性。另外，除继续贯彻长江经济带发展等国家战略外，上海自贸区还肩负着探索金融业改革和开放的使命，要围绕建设国际金融中心这一主题，加快出台自贸区的功能性改革措施。在其引领下，统筹推进中国经济转型和金融业的改革开放，加快出台框架性和制度性改革措施。

二、自贸区内供应链金融的发展

（一）总部效应带动区内供应链金融发展

随着自贸区的深化以及中国在国际贸易中地位的提高，将会有大量跨国公司将其亚太区总部和营运中心转移到自贸区，这将为金融机构带来更多贸易融资领域创新的动力与机遇。银行会面对更多在整个供应链中占主导地位的核心企业，因此银行需要依托整个供应链设计、开发供应链融资产品，着眼于核心企业与其上下游企业的实际需求来配置资源，在企业规定的时效内给予充分的融资支持。随着融资规模的发展，银行也应考虑协同作战，通过风险参与或者资产证券化等手段引入更多参与者，发动全球的智慧与资源为更多不同形式的供应链提供充足的融资渠道。

（二）发展全球统筹的供应链金融服务

同时，除了提供融资以外，贸易金融也应当有所创新，即关注随着贸易交易而产生的跨国资金管理服务等。随着贸易形式及商品的多样化，贸易融资的创新应当结合基础交易的变形而适时做出相应的变化。银行应结合自贸区鼓励企业统筹开展国际国内贸易，实现内外贸一体化发展。贸易金融也应当结合贸易流，统筹国内外不同市场的资金，提供全球统筹的金融服务。积极利用海外离岸市场的外币以及人民币，为企业提供更多样化、更便宜且更迅捷的金融服务。

（三）跨境供应链金融服务体系

目前，全球跨境贸易投资发展呈现新趋势：一方面，全球产业内分工持续深化，资金、货物、服务等要素跨境流动更加频繁，服务外包与服务贸易迅猛发展；另一方面，信息技术发展助推经销环节扁平化，直接面向终端消费者的跨境电子商务发展迅速。在这种大趋势下，四大自贸区都大力推动跨境资金融通便利化，促进服务业开放与服务贸易自由化，以及培育跨境电子商务等新型贸易形态。与此同时，银行也纷纷跻身其中布局跨境金融业务。五大国有银行以及浦发、中信、兴业、招商等多家股份制银行，都在筹建基于跨境融资业务的综合金融创新平台。各大银行利用自贸区的政策和便利的投融资平台优势，建立综合金融服务中心包含离岸业务中心、保理业务中心、跨境结算中心三大业务中心，以此共同推动由跨国企业供应链贸易带动的供应链融资业务发展。目前各家银行重点发展的跨境人民币投融资业务，境内企业客户主要有两类：一类是具有跨境结算或投融资需求的境内外向型企业；另一类是在海外设立平台，以实现对外集中采购、销售和进行投融资的"走出去"集团。

（四）电商供应链金融服务体系

商业银行一方面要推动全球供应链金融、全球现金管理等交易银行业务创新，完善服务贸易、科技创新项下金融服务产品体系；另一方面要适应互联网跨境金融服务发展，完善在线跨境服务渠道，丰富网络跨境金融产品，加强跨境交易数据挖掘，深化与第三方跨境支付机构合作，构建互联网跨境金融服务体系。由于目前很少有银行将目光投放到中小型涉外企业市场上。金融机构可以着眼为电商提供集中的小额贸易融资、出口信用保险，通过建立电子交易、物流配送、仓储管理以及金融服务高度融合的一体化贸易新模式，支持电子商务的发展。当然，由于电子商务这一新型业态在很多方面缺乏监管，金融机构很难对其资质做出判断，因此必须抓紧配套措施与平台建设，如建设金融业统一的征信平台，完善企业和个人信用信息系统，建立境外采购商信用档案，以及建立企业交易数据库等。这有助于提高商业银行对大型企业集团的服务质量，同时也将有利于商业银行参与到中小型涉外企业市场的竞争。

（五）航运中心的供应链金融发展①

一般来说，金融中心和航运中心相伴而生。航运中心的金融业发展将解决港航企业的资金困境，充分发挥金融业在航运投资、融资、结算和海上保险中的作用，而运输生产本身也就是国际范围内资金流转的过程。所以，自贸区在金融领域的开放必然惠及航运。金融机构可以为航运企业提供相应的金融服务，如金融衍生品、信用保险融资等，同时关注航运业产业链上的各个环节，提供相应的融资服务和金融市场信息咨询服务。

三、自贸区的资产证券化发展

中国的资产证券化主要包括信贷资产证券化、企业资产证券化和资产支持票据三类产品。2014 年三类产品合计总发行量 3264 亿元，较 2013 年增长 10 倍以上。其中，银行的信贷资产证券化产品

---

① 朱紫云：《自贸区的贸易金融新机遇》，《中国经营报》2013 年 11 月 25 日。

发行量最大为 2833 亿元，2014 年年底占整个资产证券化市场的 82%；企业资产证券化产品和资产支持票据的发行量分别为 342 亿元和 89 亿元。但与 2014 年对实体经济的人民币贷款余额 81.4 万亿元相比，资产证券化仍是杯水车薪。2015 年银行间资产证券化产品发行量将保持较快增长的态势，交易所市场的证券化业务可能呈现爆发式增长。根据中诚信的预计，2015 年政策性银行、国有大行、股份制银行的发行金额仍将占据半壁江山，而城商行、农商行有望成为发行数量的主力。大银行做资产证券化产品是寻求更多资产消化渠道，而中小银行则更看中资产证券化对流动性的补充、盈利渠道及中间收入，因此，资产证券化市场中，中小银行将成为主力军。随着市场制度不断完善，监管方式由审批制转为备案制，未来几年资产证券化发展步伐将会加快。

接下来，自贸区的资产证券化创新将主要体现在以下几个方面：

第一，扩大资产证券化业务规模。目前，中国的信贷资产证券化的基础资产主要是银行发放给企业的贷款，其他基础资产包括不良贷款、汽车贷款、信用卡应收款等，住房抵押贷款支持证券（MBS）比例不高。可尝试在自贸区进一步放宽基础资产范围，如抵质押贷款、银团贷款、最高额保证贷款、融资租赁款、房地产贷款、信托收益权等，鼓励发起机构选择更多资产标的，如汽车金融、中小贷、外资的融资租赁资产等入池，稳步扩大信贷资产证券化业务规模。特别是利用自贸区的政策优势，在风险可控的前提下，可尝试选择一些较高风险、较高收益的资产入池，以满足发起机构分散风险的需求与投资者的投资需求。鼓励发起机构进一步优化产品结构设计，根据风险细分信贷资产支持证券的层次，满足投资者对不同档次证券的投资偏好。

第二，允许境外投资者参与。考虑允许自贸区发行境外投资者可以投资的人民币计价资产支持证券（ABS）。实际上，这一举措可达到多赢的效果。对于境外投资者来说，由于境外的利率较低，境内资产收益率相对较高，自然有利于获利。同时，对于国内银行来说，可增加更多业务：一方面，在受到国内存贷比和贷款规模限制的情况下，资产证券化可以解决银行自身资产的出表问题，使得银行能够挤出资金做其他业务；另一方面，银行可以做更多的中间业务，即将其他银行的资产或其他非银行金融机构散落的资产打包起来和境外对接。另外，对于资产发售者来说，引进境外投资者可降低境内资产价格，有益于达成均衡价格，从而降低融资成本。此外，资产证券化面向境外投资者开放也有利于人民币国际化的推进。然而，要想让习惯于成熟市场的境外投资者真正的参与进来，需要自贸区的资产证券化实行彻底的市场化运作。当然，要把握好几个风险点，比如控制整个资产证券化的额度和业务范围；规定只有贸易融资的资产才能进行证券化等。

第三，发挥新型业态金融机构的创新功能。利用自贸区的政策优势，在企业资产证券化业务领域，推进小贷、租赁与保理的创新功能。建设以产品创新和互联网业务渠道创新为引领，股债业务相结合的综合性场外交易市场，引导金融资本、社会资本与实体经济相结合。可以说资产证券化是新型业态金融机构在供应链金融领域发挥创新功能的重要方向。

第四，推动相应的法律法规体系建设。从国外经验来看，信贷资产证券化的发展很大程度上受益于健全的法律法规体系。建议中国逐步构建涵盖信贷资产证券化产品设计、发行、交易等在内的完整的法律体系，明确业务主体的法律关系。同时，进一步完善在信息披露、风险隔离、信用评级、会计税收等方面相关规定，为业务发展营造良好的法律环境。

本章简要小结

随着供应链的完善、互联网技术进步、征信体系的完善以及银行业务的创新，中国供应链金融服务将迎来一个加速发展的时期，并呈现出以下发展趋势：

第一，服务范围逐渐扩大至供应链全链条。完整的供应链包含多个节点，包括核心企业、上游供应商、下游批发商、零售商和终端消费者，通过将金融服务向整个链条扩展，可以使供应链金融服务的规模提高和范围扩大，进而能够实现成本最小化和利润最大化。一些银行已经有意识地从核心企业出发，对其供应链条上的各个环节提供相应的金融服务。

第二，服务方式从线下向线上转移。商业银行在开展供应链金融服务的过程中，需要及时了解并掌握供应链成员间的订单、发票，跟踪、监控与之相关的物流、信息流和资金流状况。而国内供应链金融中各参与主体的电子化程度参差不齐，无法对物流、信息流和资金流进行有效整合。构建线上供应链金融服务平台，对物流、信息流和资金流进行整合，将是商业银行供应链金融发展的必然要求。

　　第三，银行、物流和电商将实现跨界融合。随着供应链金融发展的需要，信息流、物流和资金流的整合越发迫在眉睫。银行、电商、物流等行业都想通过对自身核心资源范围的拓展，从而覆盖更多客户和服务范围、更深入地开展供应链金融服务，未来电商、物流和银行跨平台融合将是大势所趋。

主要参考文献

蔡颖:《银行抢滩四大自贸区跨境金融业务》,《经济参考报》2015 年 5 月 7 日。

陈晓红、谢晓光:《保理对我国中小企业的适用性分析及运作模式探讨》,《中央财经大学学报》2004 年第 6 期。

陈艺云、崔小梅:《基于供应链金融的新型银企关系探析》,《新金融》2011 年第 11 期。

程跃玲:《我国商业银行供应链金融业务的营销策略研究》,安徽大学硕士论文,2013 年。

邓伟伟:《互联网金融理念下基于供应链的电子票据发展模式探讨》,《金融会计》2015 年第 3 期。

段伟常、胡挺:《供应链金融的法律风险分析》,《中国储运》2012 年第 2 期。

范立君:《现代中国的中小企业金融》,时潮社(日本),2013 年 4 月。

冯勰、沈蕾：《供应链金融生态系统及政府在其中的职能行为》，《北方经济》2011 年第 17 期。

官惠宣：《加快供应链融资电子化建设》，《金融时报》2012 年 10 月 29 日。

贺伟：《深圳平安银行供应链金融研究》，湖南工业大学硕士论文，2013 年。

金文静：《中国的动产抵押制度》，信山社（日本），2014 年 1 月。

刘本英、崔聪聪：《商业银行供应链融资运作方案探讨》，《海南金融》2013 年第 7 期。

刘可、缪宏伟：《供应链金融发展与中小企业融资》，《金融论坛》2013 年第 1 期。

林毅：《建设银行供应链金融业务研究与思考》，厦门大学硕士论文，2014 年。

马佳：《供应链金融融资模式分析及风险控制》，天津大学硕士论文，2008 年。

欧阳卫民：《我国票据业务发展及票据电子化处理的重要意义》，《金融时报》2009 年 6 月 1 日。

平新乔：《"预算软约束"的新理论及其计量验证》，《经济研究》1998 年第 10 期。

秦斌：《国际金融发展模式的多元化及市场启示》，《商业经济研究》2015 年第 7 期。

日本银行金融机构局金融高度化中心：《有关商流金融的研讨会报告》，2014 年 2 月。

深圳发展银行—中欧国际工商学院"供应链金融"课题组：《供应链金融》，上海远东出版社 2009 年版。

［英］舍恩伯格、库克耶：《大数据时代》，浙江人民出版社 2013 年版。

孙淙淙：《我国中小企业融资问题研究》，西南财经大学硕士论文，2013 年。

谭军、杨慧：《信托在供应链金融中的应用探讨》，《东岳论丛》2013 年第 3 期。

王国刚：《以公司债券为抓手推进金融回归实体经济》，《金融评论》2012 年第 4 期。

吴婧：《征信经济有多火》，《国际金融报》2015 年 5 月 4 日。

肖小和、邹江、汪小政、王亮：《互联网金融与票据业务创新研究》，中国经济网，http://finance.ce.cn/rolling/201408/15/t20140815_3361985.shtml。

谢世清、何彬：《国际供应链金融三种典型模式分析》，《经济理论与经济管理》2013 年第 4 期。

熊熊、马佳、赵文杰、王小琰、张今：《供应链金融模式下的信用风险评价》，《南开管理评论》2009 年第 4 期。

杨涛：《力促 P2P 网贷在狂热中回归价值轨道》，《上海证券报》2014 年 8 月 27 日。

杨涛：《让"中国式"众筹成为小微金融试验田》，《中国证券报》2014 年 6 月 18 日。

杨涛：《电子支付能助力新型的消费生态环境》，《21 世纪经济报道》2014 年 10 月 28 日。

杨涛：《从另一个视角看大数据》，《上海证券报》2014 年 6 月4 日。

杨涛、程炼：《互联网金融理论与实践》，经济管理出版社2015 年版。

严广乐：《供应链金融融资模式博弈分析》，《企业经济》2011年第 4 期。

闫俊宏：《应链金融融资模式及其信用风险管理研究》，西北工业大学硕士论文，2007 年。

薛洁：《银行：电子版供应链金融征战进行时》，中国建设银行网站，http：//www. ccb. com/cn/ccbtoday/20130702_ 1372751870. html。

野村综合研究所：《动产·债权融资方式——ABL（Asset Based Lending）金融实践版》（日本经济产业省委托研究），2006 年 3 月。

野村综合研究所：《有关 ABL 的普及·应用的调查研究》（日本经济产业省委托研究），2010 年 2 月。

张博文：《发展供应链金融合作案例研究》，广西大学硕士论文，2014 年。

张家慧：《融资租赁保理模式案例分析》，《时代金融》2011 年第 9 期。

张吉光：《商业银行应对互联网金融挑战的八大趋势与六大问题》《中国银行业》2015 年第 3 期。

张维建、王兵：《存货质押的难点与突破：聊城案例》，《金融发展研究》2010 年第 10 期。

张晓洁：《保兑仓业务模式探究》，《中国储运》2010 年第5 期。

周荣芳、闫晓梅、颜永嘉:《互联网金融背景下规范与发展票据市场的思考》,《上海金融》2015 年第 1 期。

朱晓伟:《存货融资在我国中小企业中应用的实证研究》,上海交通大学硕士论文,2010 年。

朱紫云:《自贸区的贸易金融新机遇》(根据裴奕根在 2013 年中国企业竞争力年会金融论坛上的主题演讲整理),《中国经营报》2013 年 11 月 25 日。

日本金融厅 HP:http://www.fsa.go.jp。

日本法务省 HP:http://www.moj.go.jp。

全国银行业协会 HP:http://www.zenginkyo.or.jp。

公正交易委员会 HP:http://www.jftc.go.jp。

株式会社帝国数据库 HP:http://www.tdb.co.jp。

株式会社全银电子债权网 HP:https://www.densai.net。

株式会社日本评级研究所 HP:http://www.jcr.co.jpl。

责任编辑:张　燕

装帧设计:胡欣欣

责任校对:吕　飞

图书在版编目(CIP)数据

中外供应链金融比较研究/王国刚,曾刚 主编. -北京:人民出版社,2015.7
ISBN 978－7－01－015027－7

I.①中⋯　Ⅱ.①王⋯②曾⋯　Ⅲ.①供应链-金融-比较研究-中国、国外
Ⅳ.①F252②F830.2

中国版本图书馆 CIP 数据核字(2015)第 153366 号

中外供应链金融比较研究

ZHONGWAI GONGYINGLIAN JINRONG BIJIAO YANJIU

王国刚　曾　刚　主编

宣晓影　副主编

人 民 出 版 社 出版发行

(100706　北京市东城区隆福寺街 99 号)

北京汇林印务有限公司印刷　新华书店经销

2015 年 7 月第 1 版　2015 年 7 月北京第 1 次印刷
开本:710 毫米×1000 毫米 1/16　印张:13.5
字数:152 千字

ISBN 978－7－01－015027－7　定价:42.00 元

邮购地址 100706　北京市东城区隆福寺街 99 号
人民东方图书销售中心　电话 (010)65250042　65289539